CÓMO HACER TUS PROPIOS LIBROS

Título original: *The Little Book of Bookmaking*

Versión castellana de Felicidad Cirugeda
Illustraciones de Hannah Rhodes
Fotografía de la cubierta: Ruth Bleakley; de la contracubierta: Anneke De Clerck, Cathy Durso, Anneke De Clerck, Christer Dahlslett, Magda dos Santos Ribeiro - fatos&artefatos, Magda dos Santos Ribeiro - fatos&artefatos; de la página de título: Cassandra Fernández, Luisa Gomes Cardoso - Cantiero de Alfaces, Hun Jin - H&G Handmade
Diseño de la cubierta: Toni Cabré / Editorial Gustavo Gili, SL

Cualquier forma de reproducción, distribución, comunicación pública o transformación de esta obra solo puede ser realizada con la autorización de sus titulares, salvo excepción prevista por la ley. Diríjase a Cedro (Centro Español de Derechos Reprográficos, www.cedro.org) si necesita fotocopiar o escanear algún fragmento de esta obra.
La Editorial no se pronuncia ni expresa ni implícitamente respecto a la exactitud de la información contenida en este libro, razón por la cual no puede asumir ningún tipo de responsabilidad en caso de error u omisión.

© Rotovision SA, 2014
© de la edición castellana:
Editorial Gustavo Gili, SL, Barcelona, 2015
© de la traducción: Felicidad Cirugeda

Printed in China
ISBN: 978-84-252-2841-4

Editorial Gustavo Gili, SL
Rosselló 87-89, 08029 Barcelona, España. Tel. (+34) 933228161
Valle de Bravo 21, 53050 Naucalpan, México. Tel. (+52) 5555606011

CÓMO HACER TUS PROPIOS LIBROS

Nuevas ideas y técnicas tradicionales para la creación artesanal de libros

Charlotte Rivers
Prólogo de Esther K. Smith

GGDIY

CONTENIDO

PRÓLOGO 6

ACERCA DE ESTE LIBRO 7

ANATOMÍA DEL LIBRO 8

ENCUADERNACIONES PLEGADAS 10
ENCUADERNACIONES COSIDAS 38
TRATAMIENTOS PARA PÁGINAS Y CUBIERTAS 76
PACKAGING EXPERIMENTAL 104
TUTORIALES PRÁCTICOS 126

DIRECTORIO DE COLABORADORES 182

RECURSOS ÚTILES 184

GLOSARIO 188

ÍNDICE ALFABÉTICO 190

CRÉDITOS Y AGRADECIMIENTOS 192

PRÓLOGO

Es un honor para mí que Charlotte me haya pedido escribir el prólogo de este libro y que haya incluido en él las ediciones limitadas que hacemos en Purgatory Pie Press. Aunque llevo décadas siendo miembro activo de esta comunidad, a muchos de los colaboradores los descubro ahora, lo que me lleva a pensar: ¿es posible que el arte de hacer libros esté desbancando a otras disciplinas artesanales, como tricotar o hacer colchas de *patchwork*? Iniciarse en este campo es más sencillo: no se necesita equipo alguno, solo papel. Y siempre es posible profundizar y examinar los entresijos de la creación artesanal de libros, por ejemplo, la manufacturación de papel, el dorado, la iluminación, la impresión artística, la pintura de bordes y la marroquinería.

Según el lugar, se emplean nombres diferentes para referirse a las herramientas, las técnicas y los tipos de encuadernación. Mi libro serpiente de origami –un método de plegado inventado por Anna Wolf– equivale al libro dragón de WNYBAC. Algunas instrucciones difieren del método que yo empleo, y en cambio funcionan para otros, y esto me recuerda lo que me sucedió la primera vez que reencuaderné un libro.

Cuando me mudé a Nueva York, además de salir a bailar y aprenderme qué restaurantes de Chinatown permanecían abiertos después de las dos de la madrugada, pasaba el tiempo en el Center for Book Arts (CBA), donde Dikko Faust, futuro socio mío, se encargaba de la impresión tipográfica. Como diseñadora de vestuario, me encantaba coser y trabajar con las manos, y pensé que sería capaz de reencuadernar un libro. En una tienda de segunda mano me hice con un manual de costura de los años cuarenta un tanto ajado y me planté con él en el CBA, con la certeza de que los encuadernadores de la casa me podrían ayudar.

La reencuadernación es un proceso lento. La gente iba y venía, me daban consejos mientras trabajaba. Pero conforme iba poniendo en práctica las indicaciones de una persona, la siguiente que se acercaba me decía que estaba cometiendo un error. Fue frustrante, pero lo terminé. El libro no quedó perfecto, tuve algún que otro problema al guillotinar las guardas, y al pegarlas, una de ellas se encogió y quedó arrugada. Pero cumplí mi cometido. ¡Y supe que iba a ganarme mucho mejor la vida diseñando libros que restaurándolos! El aprendizaje más importante fue que cada persona me enseñó algo diferente y que todas y cada una de ellas tenían razón: hay muchas formas de hacerlo.

Inspírate en los trabajos que se recogen en este libro y prueba a poner en práctica los proyectos que aparecen al final. Averigua si prefieres los métodos de plegado o las encuadernaciones cosidas, o si –a diferencia de mí– prefieres las adhesivas. Si algo no te convence, inventa tu propia forma de hacerlo. Quizá el año que viene pueda ver tus trabajos en Etsy, ¡o quizá incluirlos en una exposición!

Diviértete. Y, como digo en la dedicatoria de mi libro *How to Make Books*: ¡HAZ LIBROS Y NO LA GUERRA!

Esther

Esther K. Smith, Purgatory Pie Press

ACERCA DE ESTE LIBRO

La encuadernación es un arte abierto y multidisciplinar en cuya práctica tienen cabida la ilustración, el diseño gráfico, la fotografía, la impresión, la costura, la manufacturación de papel y otras muchas disciplinas creativas. Este es uno de los motivos por los que suscita un gran interés entre las personas creativas, ya que el proceso de confeccionar manualmente un libro les permite desarrollar el conjunto de sus gustos y aptitudes.

Si bien se trata de una disciplina con siglos de antigüedad, los artesanos contemporáneos experimentan y conciben nuevas formas de interpretar las técnicas tradicionales para confeccionar libros de gran belleza. Este libro pretende mostrar la maestría y la diversidad que encierra este arte y brindar inspiración para que hagas tus propios libros.

En la primera parte se presenta una selección de trabajos de creadores de todo el mundo. Empezamos viendo los métodos de plegado, mostrando cómo un pliego de papel puede transformarse en las páginas de un libro o bien combinarse para crear estructuras origami llenas de movimiento. A continuación nos fijaremos en la amplia gama de cosidos, tanto funcionales como decorativos, con los que uniremos las páginas a las cubiertas. Tras conocer las formas de armar la estructura física de un libro, veremos los tratamientos creativos para páginas y cubiertas y algunas aproximaciones experimentales en torno al packaging. El apartado *Véase también* que se incluye en estos perfiles inspiradores remite a información adicional acerca de las técnicas empleadas más relevantes.

La última parte del libro la integra una serie de tutoriales paso a paso para recrear varias de las técnicas recogidas en el libro. Primero, los tipos de plegado; después, los cosidos, y finalmente, los tratamientos para páginas y cubiertas.

Por último, la sección de recursos recoge una lista de enlaces útiles que te ayudarán a profundizar en el mundo de las artes del libro. Esperamos que cuando llegues a la última página te sientas inspirado y preparado para trasladar tus aptitudes y tus gustos personales a un libro hecho a mano.

ANATOMÍA DEL LIBRO

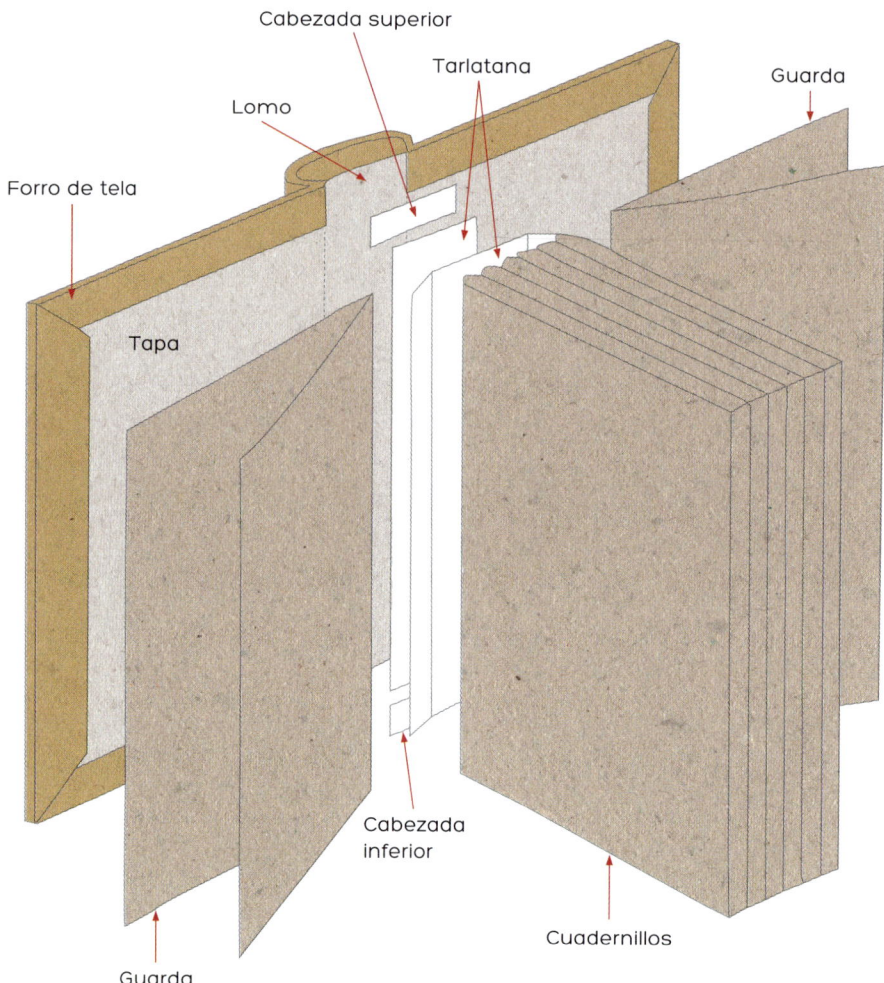

En la ilustración se muestra la anatomía de un libro de tapa dura típico. Muchos de los libros de artista que se muestran a lo largo de estas páginas están confeccionados con esta técnica. Asimismo, se incluye una extensa gama de interpretaciones y experimentos en torno a los métodos de encuadernación.

Encontrarás desde libros plegados, libros cosidos, libros con lomos al aire, libros cuyas cubiertas son conchas marinas hasta libros en estuches de madera.

En el glosario de las páginas 188-189 se recogen las descripciones de términos específicos de encuadernación. Indicamos aquí algunos elementos clave que conforman la anatomía de una encuadernación en tapa dura común.

Cuadernillos
Cada cuadernillo está formado por un determinado número de páginas plegadas y casadas. Los cuadernillos se unen cosiéndolos para formar la tripa o interior del libro. En la mayoría de los libros que salen al mercado el formato de cuadernillo utilizado es el octavo (16 páginas por cuadernillo), un sistema por el cual cada pliego se dobla por la mitad tres veces.

Guardas
Para confeccionar las guardas se utilizan hojas de papel dobladas que después se adhieren al interior de las cubiertas anterior y posterior y a la primera y la última páginas.

Cabezadas superior e inferior
Ayudan a mantener sujeto el libro, si bien no son imprescindibles y su uso persigue un fin principalmente decorativo. Pueden ir cosidas manualmente.

Tapa
La tapa de los libros se hace con cartón duro. Su función es mantener las partes del libro unidas.

Forro de tela
Habitualmente, antes de montar la tapa, el cartón de la misma se cubre con tela de encuadernación.

Tarlatana
Habitualmente se utiliza gasa para hacerla. Se aplica al lomo del libro para ayudar a mantener las páginas en su sitio y fijar el libro a las cubiertas.

Lomo
El lomo mantiene los cuadernillos juntos y encajados. Es la espina dorsal del libro.

1
ENCUADERNACIONES PLEGADAS

Los libros confeccionados mediante técnicas de plegado brindan algunos de los métodos más sencillos –y también más innovadores– para convertir un pliego –o pliegos– de papel en un libro. Para hacerlos se precisa poco más que el papel que uno haya escogido. En algunos casos se necesitará un poco de cola o de hilo, pero, en la mayoría de ellos, el proceso de creación consiste, fundamentalmente, en medir, plegar y hendir con sumo cuidado.

Existen innumerables métodos diferentes para hacer libros plegados. En este capítulo examinamos varias técnicas interesantes, tanto tradicionales como experimentales. De los preciosos libros caleidoscopio con encuadernación en carrusel de Cassandra Fernández a los libros loto llenos de color o las variantes del *turkish fold* (plegado para diseños *pop-up*) de Becca Hirsbrunner y el libro *blizzard* de un solo pliego, cuidadosamente medido y hendido, de Christopher Skinner, cada ejemplo te fascinará e inspirará, al tiempo que descubrirás cómo usar las diferentes versiones de las técnicas y los materiales para hacer libros plegados únicos.

CASSANDRA FERNÁNDEZ

BARCELONA, ESPAÑA

La artista Cassandra Fernández, residente en Barcelona, España, trabaja principalmente con linóleos, un método de estampación que emplea en sus coloridos grabados y diseños, aunque, como se aprecia en estas imágenes, también le gusta experimentar con técnicas de encuadernación.

"Me gusta construir cosas y trabajar con las manos. Empecé a interesarme por la encuadernación porque quería participar en una feria de libro de artista que se celebraba en Barcelona y he ido aprendiendo de forma autodidacta. Lo que más me gusta del proceso de crear un libro de artista es el hecho mismo de hacerlo y comprobar si la idea que tenía en mente funciona al hacerla realidad."

En *Kaleidobooks* (página siguiente), una serie de libros carrusel, queda patente el gusto de Fernández por los diseños geométricos. La idea de fondo era hacer un libro de *patterns* de manera que cada diseño se incorporase al siguiente dando lugar a uno nuevo, una suerte de metamorfosis de *patterns*. Confeccionado con el mismo método, el libro *Among Humans* (en esta página) parece una jaula cuando está cerrado y al abrirse se despliega formando un carrusel donde quedan a la vista los pájaros volando en libertad. Además, se puede colgar usando la cuerda que lleva adherida. Fernández utilizó papel Hahnemühle para los dos libros, sobre el que estampó en linóleo sus bonitas ilustraciones.

Véase también:
Libro carrusel, pág. 140

ENCUADERNACIONES PLEGADAS 13

KAROLIN SCHNOOR

LONDRES, REINO UNIDO

Originaria de Berlín, Karolin Schnoor es ilustradora y en la actualidad reside en el sur de Londres, donde trabaja en varios proyectos y ámbitos creativos: diseño de libros, diseño de estampados, publicidad, proyectos editoriales y serigrafía.

"Lo que más me interesa es la ilustración. Me gusta plasmar mis dibujos en objetos tridimensionales, como cerámica, tejidos o pequeños libros caseros como este. Me gusta ver cómo cambia una ilustración cuando se traslada a un contexto narrativo, por ejemplo, un libro."

Para hacer este librito –mide 7 x 10 cm– en primer lugar Schnoor calculó el número de páginas que podía encajar en los pliegos sobre los que iba a imprimir y después midió el formato exacto y dispuso la división por páginas. A continuación ilustró con dibujos las páginas ajustándose a las guías que había marcado, de modo que una vez realizados los pliegues el libro funcionara. Las cubiertas y los interiores van serigrafiados, cortados y encolados manualmente. Las cubiertas están hechas con cartón gris y las páginas interiores están impresas sobre papel de periódico.

Véase también:
Libro en acordeón, pág. 134

NAUGHTY DOG PRESS

IOWA CITY, IOWA, ESTADOS UNIDOS

Emily Martin crea libros de artista y grabados en edición limitada firmados con la marca de su estudio, Naughty Dog Press. Utiliza varias técnicas de impresión, entre ellas la tipográfica, y frecuentemente experimenta en sus libros con formas tridimensionales.

The Tragedy of Romeo and Juliet (arriba) es un libro carrusel con un formato ideado por Martin que permite que las escenas ocupen secciones independientes del texto, el cual queda alojado en un panel diferente.

En *Fly Away* (abajo) se utilizó un plegado en acordeón triangular. Es una variante no tradicional del álbum japonés de doble cara y lleva tapa dura cubierta en papel Moriki. Tres bloques de texto recorren las diferentes caras del libro: cuando el libro está en posición vertical las tres quedan a la vista.

Véase también:
Libro en acordeón, pág. 134
Libro carrusel, pág. 140

GABRIELA IRIGOYEN HANDMADE BOOKS

RÍO DE JANEIRO, BRASIL

Gabriela Irigoyen es diseñadora y reside en Río de Janeiro. Para ella, diseñar y hacer libros consiste en crear ejemplares que provoquen asombro, en cuidarlos como si fuesen obras de arte. Irigoyen emplea todo tipo de materiales, papeles, hilos y telas, e investiga continuamente nuevos métodos para crear y armar libros.

"Cuando se trata de hacer un libro, lo que más me gusta es investigar, imaginar qué aspecto quiero que tenga, y luego, una vez terminado, comprobar si la idea ha funcionado."

La inspiración para estos libros surgió del anhelo de hacer uno que no tuviese la típica forma cuadrada o rectangular. El primer paso fue hacer las páginas interiores, para lo que Irigoyen se inspiró en el plegado en acordeón.

Los cuadernillos de forma triangular se cosieron por separado para luego fijarlos a una cartulina plegada en acordeón; después se adhirieron a las cubiertas previamente forradas con tela de encuadernación. Los libros se aseguran con un cordel enlazado.

Véase también:
Libro en acordeón, pág. 134

THEREZA ROWE

LONDRES, REINO UNIDO

Thereza Rowe es ilustradora y diseñadora gráfica *freelance*. El color y la forma son la espina dorsal de su obra. Sus trabajos tienen un toque lúdico: el objetivo de Rowe es que los diseños lleven una sonrisa a la mente del espectador. "Me encanta hacer mis propios libros y me fascinan los plegados. Disfruto especialmente del proceso de creación porque concierne tanto a la resolución de problemas como al pensamiento libre y creativo. Contemplar la obra terminada es sin duda un motivo de alegría en sí mismo, pero lo que más valoro es la fase de creación."

Mostramos aquí dos de los libros plegados de Rowe: *Tiny Neighbourhood* (esta página y la siguiente, arriba) y *Portal encantado* (página siguiente, abajo). *Tiny Neighbourhood*, del que realizó una edición limitada de 25 ejemplares, es un proyecto personal en el que Rowe lleva a cabo una exploración de su vecindario, tanto del real como de uno imaginario. Rowe empleó recortes y *collages* y después editó las imágenes en Adobe Photoshop y las imprimió alineadas una tras otra, de manera que el libro se extiende permitiendo que el espectador contemple toda la calle.

Portal encantado examina el folklore y los cuentos brasileños. Rowe creó una serie de ilustraciones utilizando bolígrafo, papel y *collage* y de nuevo las editó en Photoshop. En la cubierta anterior colocó una ventana para transmitir la idea de acceso a un mundo encantado. Con el libro desplegado, el espectador se asoma y contempla las diferentes escenas que suceden en el interior.

Véase también:
Libro en acordeón, pág. 134

ENCUADERNACIONES PLEGADAS 19

ANNEKE DE CLERCK

JABBEKE, BÉLGICA

Anneke de Clerck vive en Bélgica, en un pequeño pueblo cercano a la costa. De día trabaja como comadrona y por la noche confecciona libros.

"En mi tiempo libre siempre tengo las manos ocupadas. Me apasionan el papel y los sellos y me encanta confeccionar tarjetas, libros y cajas. También me interesa el reciclaje y me gusta hacer libros con materiales reciclados: hueveras de cartón, sobres, bolsas de papel usadas, envases de todas clases, latas de bebidas y lo que surja."

La finalidad de este libro era documentar un viaje en familia a Sussex, Reino Unido. Para hacerlo, se utilizó encuadernación en concertina y cosido a caballete. De Clerck dobló en concertina una tira de papel de un mapa de Reino Unido empleando el método básico de la estructura en acordeón; después cosió a caballete las páginas interiores uniéndolas a cada uno de los vértices del lomo. Las cubiertas son de cartón fabricado manualmente de color verde y para los interiores se utilizó un papel grueso en crema.

Véase también:
Libro en acordeón, pág. 134
Cosido a caballete, pág. 146

KYLE HOLLAND

MEMPHIS, TENNESSEE, ESTADOS UNIDOS

Kyle Holland es un artista interdisciplinar. En los libros de artista utiliza técnicas diversas, entre ellas la estampación tipográfica, el papel hecho a mano y varios métodos de impresión. Holland creció confeccionando diarios visuales (libros sobre los que pintaba y hacía *collages*). Su primer contacto con la encuadernación tuvo lugar en una clase sobre libros escultura y libros móviles impartida por Emily Martin, de Naughty Dog Press (*véase* pág. 15), en la Penland School of Crafts de Carolina del Norte.

Holland nació y creció en Memphis, Tennessee, y sus libros son una respuesta a la cultura del sur, principalmente al concepto sureño de masculinidad.

Force of Circumstance es un *flag book* ('libro bandera') en el que el tema de la caza, representado en la imagen fragmentada de un ciervo, aparece como símbolo de la masculinidad en la cultura sureña.

Véase también:
Flag book, pág. 136

ENCUADERNACIONES PLEGADAS

RUTH BLEAKLEY

COCOA BEACH, FLORIDA, ESTADOS UNIDOS

"Adoro el carácter repetitivo de la elaboración de pliegues y cosidos, me encanta perderme en su cadencia, repetir una y otra vez y sumergirme en un estado de relajación profunda pero sin perder la concentración. Según he oído, ese estado se denomina *flow*. Algunas personas lo describirían como 'tedioso', pero yo –medio en serio, medio en broma– lo llamo 'meditativo'."

Ruth Bleakley es diseñadora y profesora. Vive en Florida. Empezó en el mundo de la encuadernación por casualidad y lleva ya más de cinco años haciendo libros.

En estas imágenes se muestran unos libros en miniatura elaborados con una sencilla estructura en acordeón. Las cubiertas están hechas con cartón y diferentes tipos de cinta Washi estampada. "Me encantan los diseños y las texturas de las cintas Washi y se me ocurrió que podría ser divertido combinarlas de diversas formas en las cubiertas de estos diminutos libros. Gracias al adhesivo de la cinta, armar los libritos fue incluso más rápido de lo habitual, ya que no tuve que encolar las cubiertas."

Véase también:
Libro en acordeón, pág. 134

ENCUADERNACIONES PLEGADAS

BECCA HIRSBRUNNER

ARLINGTON, TEXAS, ESTADOS UNIDOS

Becca Hirsbrunner trabaja como diseñadora de tipografías para SIL International y en su tiempo libre le gusta explorar otras disciplinas artísticas, tales como la encuadernación, la rotulación manual o los mosaicos para vidrieras.

Hirsbrunner suele realizar encuadernaciones cosidas (*véase* pág. 67) pero también experimenta con estructuras de plegado. Este libro loto tan colorido (abajo) se compone de una serie de páginas plegadas adheridas entre sí. Cuando se abre se despliega en abanico brotando como una flor. Hirsbrunner utilizó papel origami para las páginas y cartón de libros forrado en tela italiana para las cubiertas.

En *An Echo Thrown* (página siguiente) Hirsbrunner utilizó una versión modificada del plegado para diseños *pop-up* conocido como *turkish fold*. A partir de un trozo cuadrado de papel, la técnica consiste en crear tres pliegues principales: dos a lo largo de las diagonales y luego uno por la mitad. El triángulo se forma al introducir las caras opuestas a lo largo del pliegue horizontal. Este método es similar al conocido como pliegue origami *waterbomb* (menos el segundo pliegue horizontal). Las esquinas del triángulo se doblan hacia el centro, después se despliega y se le da la vuelta de manera que se pueda introducir en el triángulo principal. Los bordes recuerdan a los pliegues de un acordeón.

Hirsbrunner empleó esta técnica en las cuatro páginas interiores pero cortó un trozo de los lados de manera que la sección interna pudiera verse incluso con el libro cerrado. "Para coser juntas dos de las páginas empleé una técnica que pasa dos veces por cada lado. Después pegué la superficie interior que queda entre las dos páginas. Por último, hice otro *pop-up* más pequeño con papel arte blanco, lo corté por la mitad y lo pegué a ambas cubiertas, a lo largo de las dobleces más grandes."

Véase también:
Flag Book, pág. 137

ENCUADERNACIONES PLEGADAS 25

HILARY LECKRIDGE

STIRLING, REINO UNIDO

"Mi deseo era hacer un libro cuya forma evocara el contenido. Este libro en forma de estrella de siete puntas alberga en sus páginas las constelaciones del Zodíaco. La inspiración para hacerlo fue una frase que le oí a un astrónomo: «Todos estamos hechos de polvo estelar»."

Hilary Leckridge confecciona libros de artista exclusivos e inusuales. Su pasión por la creación artesanal se ha ido desarrollando a partir de su pasión por el papel hecho a mano, especialmente el papel Washi, que ha ido escogiendo en sus numerosos viajes a Japón para después trabajar con él en su estudio, en el centro de Escocia.

El libro *Ecliptic*, inspirado en las estrellas, fue creado con una variante de la encuadernación en corona. En primer lugar Leckridge plegó las páginas en cuatro partes y marcó pequeños orificios en el medio de las dos secciones para componer las constelaciones. Después estampó en relieve unas sencillas líneas que unen las "estrellas". Los bordes ásperos de las páginas se unen con papel cebolla japonés y el pliegue resultante va encajado en el lomo. El toque final lo ponen las lucecitas: se insertan en las secciones estrelladas y cuando el libro está en posición vertical estas brillan en la oscuridad.

RED PARROT PRESS

EL CERRITO, CALIFORNIA, ESTADOS UNIDOS

Barbara Milman es impresora y dirige Red Parrot Press. Vive en el área de la bahía de San Francisco. Milman confecciona manualmente libros muy originales en los que incorpora grabados digitales y hechos a mano, y con frecuencia los construye utilizando el plegado en acordeón.

El libro que se muestra en la imagen, titulado *Marin Headlands 2010-2050*, forma parte de una serie sobre el cambio climático. Las imágenes de Marin Headlands, al norte de San Francisco, son fotografías tomadas por Milman. Van montadas en un formato en acordeón impreso a doble cara. En una de las caras se ve el paisaje en su estado actual y en la otra la misma imagen modificada por la artista, con las alteraciones que, en su opinión, tendrán lugar como consecuencia del cambio climático.

Milman eligió el formato acordeón porque brinda la posibilidad de mostrar un diseño continuo a lo largo de las páginas y, en este caso concreto, permitía también utilizar las dos caras, algo crucial para el diseño y el propósito del libro.

Para los interiores Milman utilizó papel Premier Smooth Fine Art y los montó sobre cartón negro. El libro incluye una cinta de lino para cerrarlo.

Véase también:
Libro en acordeón, pág. 134

SAKURASNOW

AMSTERDAM, PAÍSES BAJOS

Suzanne Norris –diseñadora gráfica e ilustradora– es la artífice de Sakurasnow. Al igual que otros muchos diseñadores, trabaja sobre todo con el ordenador, así que le gusta dedicar todo el tiempo que puede al trabajo manual. Hace ilustraciones a bolígrafo y tinta, serigrafías, trabajos de ingeniería de papel, y de vez en cuando. también libros, por ejemplo, cuadernos de notas y *sketchbooks*.

Este libro en acordeón, titulado *13 Wonders from a Cabinet of Curiosities*, se hizo para una exposición colectiva que se presentó en Nueva Jersey y en Brooklyn, Nueva York. "Había estado trabajando en unos dibujos de animales dentro de frascos hechos a pincel, bolígrafo y tinta, una serie en curso que –un poco vagamente– titulé *Wonders from a Cabinet of Curiosities*. Después hice una edición limitada de serigrafías en un formato pequeño con esos dibujos. Para la exposición decidí reunir trece de estas criaturas en un objeto tangible, en algo que –como los *wunderkabinetts* antiguos– se pudiera examinar al detalle. La estructura del libro en acordeón articula el concepto perfectamente."

Las escamas de las cubiertas son de papeles Marpa Jansen de 130 g en varios tonos de gris. Se recortaron y adhirieron a un pliego de papel de calco Schoellershammer de alto gramaje. Con ello se consiguió una 'piel' escamada que va adherida a la cartulina de las cubiertas. El bolsillo de esta y la faja son de cartulina Florentino de 300 g de color azul oscuro, y las páginas interiores, de cartón Simili Japon de 225 g en color crema claro.

Véase también:
Libro en acordeón, pág. 134

ELIZABETH SHEEHAN

NUEVA YORK, ESTADOS UNIDOS

Elizabeth Sheehan se dedica al grabado y la creación de papel artesanal y tiene experiencia como escultora. En sus libros de artista combina su interés por los objetos en tres dimensiones con su pasión por el papel hecho a mano y la estampación.

Coruscation es una edición de cinco ejemplares que comenzó siendo una composición digital. Una vez que Sheehan hubo finalizado el diseño, preparó los dibujos en láminas de fotopolímero para su impresión tipográfica y en películas para insolar las pantallas y obtener los serigrafiados. En primer lugar realizó la capa digital, seguidamente la serigrafía y la impresión tipográfica, y por último añadió los *pop-ups*.

Véase también:
Libro en acordeón, pág. 134

LITTLE PAPER BIRD

LEEDS, REINO UNIDO

Esta caja de tesoros llena de libros plegados y cosidos es obra de la artista residente en Leeds, Sarah Peel, del estudio Little Paper Bird. "Me gusta confeccionar un montón de libros pequeñitos. Probar nuevas ideas, poner en práctica otras más antiguas, doblar tiras de papel y comprobar cómo se despliegan, añadir una nueva página aquí y allá... Como tenía ya unos cuantos libros decidí hacer una caja forrada en tela para guardarlos. Quería que quien la abriera se sintiese intrigado por el contenido y que al coger los libros se llevara una agradable sorpresa."

La caja de Peel alberga varios tipos de plegado: concertina, *flexagon*, acordeón y otras estructuras ideadas por la artista. También hay algunos libros con encuadernaciones cosidas, entre ellas cosido a caballete y cosido copto. "Me encanta la sencillez del cosido a caballete, es muy versátil y funcional. Y me fascinan los plegados en concertina. Me pregunto si llegará el día en que me aburra de coger un trozo de papel, doblarlo y hacer un librito perfectamente plegado en concertina..."

Para los libros, Peel utilizó papel Cartridge de 160 g, papel Fabriano satinado y papel Tempura fino. La caja es de cartón gris de 3 mm cubierto en tela y el forro es de papel Mi-Teintes.

Véase también:
Libro en acordeón, pág. 134
Cosido copto, pág. 152
Cosido a caballete, pág. 146

CHRISTOPHER SKINNER

NORFOLK, REINO UNIDO

Christopher Skinner es diseñador, encuadernador e impresor. Para él, la creación artesanal de libros pasa por trabajar con los materiales de los que dispone en cada momento. "Trabajo bien con papeles y cartones de fabricación industrial y también he empezado a hacer mis propios papeles reciclando correo comercial y envases. Me decanto por los papeles y cartones con texturas ricas y me gusta combinar varios tipos de papel en un mismo proyecto."

El libro que se muestra aquí forma parte de la investigación que está realizando acerca de la escritura *asémica* (escritura carente de contenido semántico específico). Para el plegado *blizzard*, elaborado a partir de una sola hoja, es preciso medir, doblar y hendir con sumo cuidado. Skinner usó un papel acuarela moderadamente grueso (150 g) que permite que el libro emerja de forma natural creando una estructura en abanico pulcra. Para las cubiertas utilizó cartón y decidió dejar el lomo al aire con el fin de que al abrir el libro este quedara plano.

"Me gustan las características –claramente deudoras del origami– de esta técnica, así como el hecho de que una vez plegado el libro se mantenga cerrado. Es sencillo pero genial. Además, en realidad es mucho menos complicado de lo que su aspecto pueda sugerir."

LUCY MAY SCHOFIELD

MANCHESTER, REINO UNIDO

Lucy May Schofield es artista y en sus obras utiliza principalmente el papel y las técnicas de estampación. "En mi obra intento atrapar momentos, y mi interés primordial es aquello a lo que no prestamos atención. Documento la vulnerabilidad de forma sistemática. Me fascina investigar lo tácito y registrar esos momentos en cuadros, grabados, instalaciones y libros de artista."

Schofield utiliza diversos métodos de impresión: tipográfica, monotipos, grabado, serigrafía, risografía, fotocopiado y fotografía. Sus obras están realizadas siempre manualmente y también confecciona libros y cajas artesanales. Los libros de la serie *Roadkill* (en esta página, derecha, y página siguiente) están elaborados con una estructura origami de un solo pliego. Van encuadernados en tapa dura forrada en tela sobre la cual se aplicó una estampación metálica en caliente en oro y plata utilizando un troquel de cobre.

Letters of Triangles (esta página, abajo) está inspirado en las cartas que enviaban los soldados rusos durante la II Guerra Mundial. Las cartas van dobladas en forma de triángulo de manera que la hoja de la carta funciona también como sobre. De este modo los censores comprobaban el interior y omitían la información privada sin dañar la estructura.

Para este libro, que trata la añoranza del hogar, Schofield utilizó papeles encontrados y papel vegetal sobre los que aplicó impresión tipográfica en cobre y oro. Después realizó los diferentes triángulos y los colocó en capas, uno encima del otro.

Véase también:
Libro dragón, pág. 138

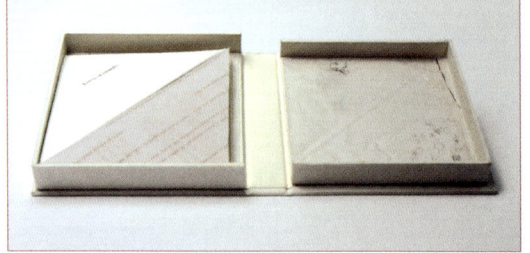

ENCUADERNACIONES PLEGADAS

FLYING FISH PRESS

BERKELEY, CALIFORNIA, ESTADOS UNIDOS

Julie Chen es artista y es la responsable de Flying Fish Press. Lleva más de 25 años publicando libros en edición limitada. En las imágenes se muestra su libro *Cat's Cradle*. La intención subyacente a este diseño era trasladar una serie de reflexiones acerca de la naturaleza de la existencia, del paso de la idea a la forma, y emplear la estructura del libro como ejemplo físico y visual de los conceptos que recoge el texto. Con este objetivo, el libro se realizó mediante la técnica de la estructura en carrusel, que permite contemplarlo desde dos planos muy diferentes: circularmente, con las cubiertas formando un ángulo de 360° de manera que se tocan entre sí, o linealmente, cuando el libro se abre como un acordeón.

Las páginas se imprimieron en digital, después se cortaron a láser y se realizó el alzado. Chen utilizó cartón de libros forrado en tela para las cubiertas y cinta para el cierre. En el lomo colocó una bisagra magnética para sujetar el libro cuando este se abre 360°. El objetivo de Chen es proporcionar una experiencia lectora así como exponer la estructura física del libro como si se tratase de una escultura.

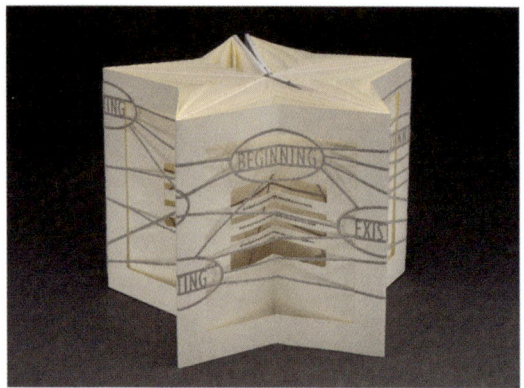

Véase también:
Libro carrusel, pág. 140

BIG BOY PRESS

KANSAS, ESTADOS UNIDOS

Neil J. Salkind es impresor aficionado. Dirige Big Boy Press, donde realiza principalmente trabajos de impresión tipográfica. Sus máquinas son una Chandler & Price 10 x 15, una Kelsey 5 x 8 y una prensa de pruebas universal Vandercook 1, y combina este *hobby* con el interés por las artes del libro. Los libros que se muestran en las imágenes están inspirados en el *ampersand* ('&').

"La historia del *ampersand* es muy interesante. Su origen es una corrupción de la locución latina *per se*, la cual, al recitar el alfabeto, ocupaba la 27ª posición: «X, Y, Z, and per se and»; finalmente acabó por pronunciarse «ampersand». En cuanto a la representación gráfica, está basada en la ligadura de *et*, que fue muy popular en la época en la que se empezaban a desarrollar las primeras itálicas."

La versión final de los libros es una estructura de plegado en acordeón, aunque Salking había hecho varias maquetas con diferentes diseños tipográficos antes de dar con la versión final de diez páginas. En los interiores utilizó un papel texturizado y para las cubiertas empleó cartón forrado en tela.

Véase también:
Libro en acordeón, pág. 134

PURGATORY PIE PRESS

NUEVA YORK, ESTADOS UNIDOS

La serie *InstaBook*, editada por Purgatory Pie Press, surgió a partir de las clases sobre libros de artista que imparte Esther K. Smith. El primer proyecto de sus alumnos consistió en la edición instantánea de un panfleto que debían imprimir en una fotocopiadora o en una impresora doméstica. La estructura consta de cuatro pliegues sencillos y una abertura y se convierte en un libro con cubiertas y seis –tres dobles– páginas. Smith decidió producir una serie de cinco libros en edición limitada. La impresión en relieve con tipos de metal y de madera corrió a cargo de Dikko Faust.

En la imagen superior se muestran: *Brains &Spines* (segundo por la izquierda), fotograbados en impresión tipográfica a partir de las películas MRI de Jessie Nebraska Giffords; *Box* (tercero), un poema de Bob Holman que se abre formando una caja; *High Anxiety* (último), linograbado realizado por Bill Fick que al darle la vuelta se convierte en *Team Evil* (primero); y *Gotham Golem* (segundo por la derecha y abajo), un manifiesto que se despliega convirtiéndose en una colografía, realizado por los londinenses Bob y Roberta Smith. En *Enclosure Exposure* (página siguiente) Smith trabajó en colaboración con Elizabeth Duffy; la cual crea sus trabajos inspirándose en los papeles estampados que llevan los sobres para proteger la información que guardan en su interior.

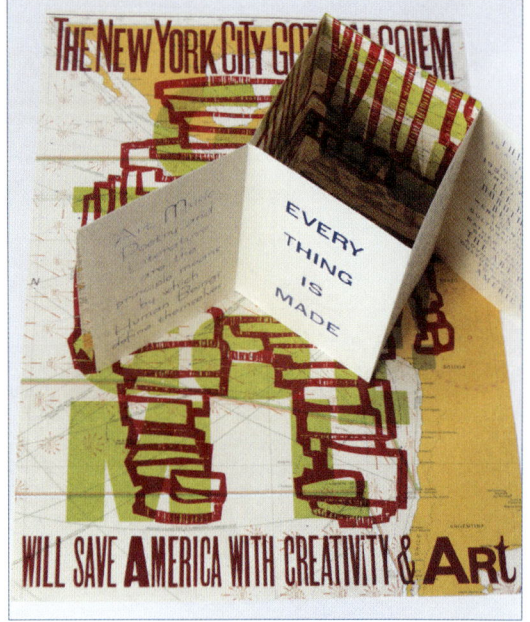

Véase también:
Libro instantáneo, pág. 132

2
ENCUADERNACIONES COSIDAS

Con las encuadernaciones cosidas se consiguen libros bonitos con un alto componente decorativo. En su creación se suelen emplear varias herramientas (punzón, aguja, hilo), pero la elaboración no tiene por qué ser compleja. Las encuadernaciones cosidas no solo cumplen la función de mantener unidas las partes del libro sino que el hilo y el tipo de costura aportan un toque distintivo y personal. Existen cosidos de factura bastante sencilla, por ejemplo, el cosido a caballete, mientras que otros requieren mayor elaboración, como es el caso del cosido copto y el belga secreto; asimismo, algunos cosidos quedan al aire a propósito mientras que otros quedan ocultos.

Los ejemplos que se recogen en este capítulo incluyen, entre otros, los libros con cosido japonés de Twine Bindery, sencillos a la par que bonitos; los experimentos con cosidos –tejidos, tricotados, *caterpillar*– de Luisa Gomes Cardoso, o las variaciones del cosido copto y la encuadernación con costura francesa de Ruth Bleakley. Todos ellos aportan un enfoque estimulante a la variedad de procesos artesanales que comprende la confección manual de libros.

ALEJANDRO GRIMA CLEMENTE

MADRID, ESPAÑA

Para el diseñador Alejandro Grima Clemente, de nacionalidad española, la creación de libros complementa su obra como diseñador gráfico. "Empecé a interesarme por la encuadernación cuando estaba cursando mis estudios de diseño gráfico. Me atrajo la posibilidad de experimentar con materiales, técnicas, conceptos e ideas sin ningún tipo de restricción. Lo que más me gusta es el proceso creativo, pensar en cómo transformar un concepto en algo tangible: en un libro."

En la imagen se muestra *Sushi Book*, un libro conceptual creado con el fin de estudiar el uso de diferentes tipos de papel en combinación con varias técnicas de impresión. Para las páginas se emplearon diferentes papeles: reciclados, de colores, papel gofrado, papeles hechos a mano, papel de arroz, papel pergamino y papel estucado. Para las cubiertas se usó cartón negro. El libro está encuadernado con cosido japonés.

Véase también:
Cosido japonés, pág. 150

BOOMBOX BINDERY

BEAVERTON, OREGÓN, ESTADOS UNIDOS

Monica Holtsclaw, responsable de Boombox Bindery, es encuadernadora y también confecciona cajas de manera artesanal. Holtsclaw utiliza diferentes técnicas de encuadernación, entre ellas los métodos de cosido que se muestran en estas imágenes.

El libro encuadernado en tapa dura con cosido de puntada larga (abajo a la izquierda) fue un regalo de Navidad para un amigo. Para confeccionarlo, en primer lugar se doblaron los pliegos formando cuadernillos y se prensaron. Después, para montar las cubiertas, se forró el cartón en tela y se cortó un trozo de madera para el lomo, en el que se taladraron los orificios de cosido. Luego se lijó y enceró y, por último, se perforaron los pliegues de los cuadernillos y se unieron las páginas, las cubiertas y el lomo de madera mediante cosido de puntada larga. Cuando el cosido estuvo terminado, se aplicó el tejido a la madera para embellecerlo y mejorar su durabilidad.

El libro *Frontier Horizon* (abajo a la derecha) se creó para una exposición del Guild of Book Workers (Gremio de Trabajadores del Libro). Para esta obra, Holtsclaw recopiló una selección de imágenes de recuerdos, ajustó el formato, las pasó a blanco y negro y después las copió sobre papel pergamino. Después, plegándolas, formó secciones que representan el pasado de la artista, mientras que las secciones en papel en blanco representan el futuro. Se perforaron tres orificios en cada sección para coserlas a caballete. Luego las páginas se cosieron a dos trozos de papel Cave de color negro. Entre las capas de papel, concretamente en los bordes de la encuadernación, se colocaron unos imanes para mantener sujeta la estructura circular.

Véase también:
Tela de encuadernación, pág. 174
Puntada larga, pág. 148

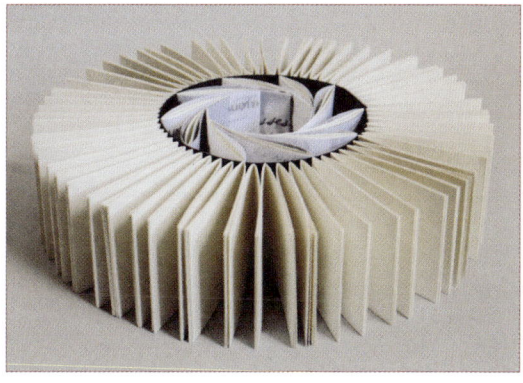

FATOS&ARTEFATOS

SÃO PAULO, BRASIL

Magda dos Santos Ribeiro es antropóloga y amante de los libros y dirige el taller de encuadernación fatos&artefatos, en São Paulo, Brasil. "Vivo rodeada de libros. Me encanta leerlos, cuidarlos y hacerlos. Adoro igualmente los diferentes tipos de papel, las texturas, los tejidos, los colores y las diversas combinaciones posibles con estos materiales. En mi labor de investigación en el ámbito de la antropología los cuadernos de campo son esenciales, así que decidí comenzar realizando libros para mí que estuviesen hechos con materiales resistentes y papeles especiales."

Ribeiro utiliza varias técnicas de encuadernación, entre ellas diversos tipos de cosido. En estas páginas se muestra una selección de encuadernaciones coptas, como la de puntada cruzada (página siguiente). "Decidí combinar el cosido copto y el punto de nudo francés: el acabado –más resistente y regular– del copto junto con el detalle de la costura elegante para realzar el lomo del libro –explica–. No es difícil de hacer, la técnica es la misma, y esta es una de las características destacadas de la encuadernación: la posibilidad de combinar varias técnicas, líneas, papeles y costuras en un mismo libro." Los trabajos de Ribeiro, elaborados con diferentes telas de encuadernación estampadas e hilos de colores brillantes, resultan hermosamente gráficos y llamativos.

Véase también:
Cosido copto, pág. 152
Costura francesa pág. 156

CORRUPIOLA - EXPERIÊNCIAS MANUAIS

SÃO JOSÉ, BRASIL

Experiências Manuais, que traducido significa 'experiencias manuales', es lo que Leila Lampe y Aleph Ozuas, fundadores de Corrupiola, pretenden crear con sus trabajos de diseño y artesanía. Estos cuadernos, bautizados con el nombre de *Corrupios* ('juego infantil', en portugués), son un ejemplo de los artículos de papelería que producen manualmente.

Lampe y Ozuas trabajan en equipo para diseñar, serigrafiar y encuadernar una a una estas libretitas. Las cubiertas son de papel de colores Fabriano Tiziano, y los cuadernillos, de papel Pollen libre de ácido de 80 g. El cosido a lo largo del lomo es una costura a caballete simple.

"El diseño de estos minicuadernos es funcional. Para las cubiertas elegimos colores vivos con el fin de que pudieran encontrarse fácilmente entre el desorden de un bolso o de una mesa de trabajo. Están hechas con sobras de papel de otros cuadernos. Nos gusta confeccionar objetos pequeños y aprovechar al máximo los materiales sobrantes."

Véase también:
Cosido a caballete, pág. 146

COFFEE MONKEY PRESS

PASADENA, CALIFORNIA, ESTADOS UNIDOS

Yuko Murata Godart, de Coffee Monkey Press, aprendió las técnicas tradicionales de encuadernación en el Reino Unido y Japón. En la actualidad reside en Los Ángeles, donde trabaja como artista encuadernadora. Su amor manifiesto por el café y las cafeterías –el nombre que ha elegido para su empresa es prueba de ello– es su fuente de inspiración. Le gusta experimentar con el lado conceptual de la encuadernación.

"Me divertí muchísimo con esto. Al final, resultó en una combinación de problemas resueltos, una feliz coincidencia y mi deseo puesto en práctica de hacer un libro divertido sobre el café. Quería incorporar de algún modo granos auténticos y, más o menos por la misma época, estaba experimentando con la encuadernación japonesa. Aunque la técnica me gustaba mucho, el lomo me parecía demasiado simple, así que añadir los granos de café fue la solución perfecta."

Godart buscó un tejido con un estampado de granos de café –en realidad se llama "cabezas de tornillo"– para las cubiertas y tiñó las páginas interiores con café. De este modo, las páginas del libro recién hecho desprendían aroma a café.

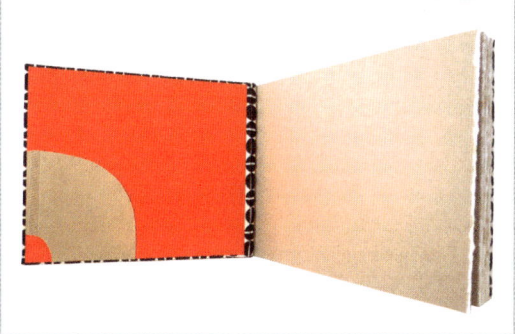

Véase también:
Cosido japonés, pág. 150

INAYZA

EL CAIRO, EGIPTO

Inayza es el nombre del estudio de la diseñadora Gina Nagi. "Desde mi infancia el diseño ha ocupado un lugar muy importante en mi vida. El eje central de mi obra son los detalles (la gama de colores, las texturas del papel, los tipos de cosido) y me encanta crear piezas únicas mezclando diferentes técnicas. Mi objetivo es crear objetos que establezcan un lazo especial entre la persona que los adquiere y yo."

En las imágenes se muestran varios libros de Nagi encuadernados con cosido copto. En el cuaderno de bocetos confeccionado con papel de envolver (página siguiente, arriba) se emplearon tres tipos de cosidos: copto, *kettle* (similar al cadeneta) y puntada larga. Los bellos libros encuadernados en tapa forrada de tela están decorados con papel estampado.

Nagi trabaja con distintos materiales, entre ellos varios tipos de papel (reciclado, de regalo), cuero, lino, hilos e incluso encaje. Todos los libros van cosidos manualmente con hilo de algodón, y para las páginas utilizó papel Canson.

"El método de encuadernación con cosido copto es relativamente nuevo en el mercado egipcio. Decidí usarlo para diferenciarme de los encuadernadores locales y como reclamo para las personas que aprecian la encuadernación creativa."

Véase también:
Cosido copto, pág. 152
Puntada larga, pág. 148

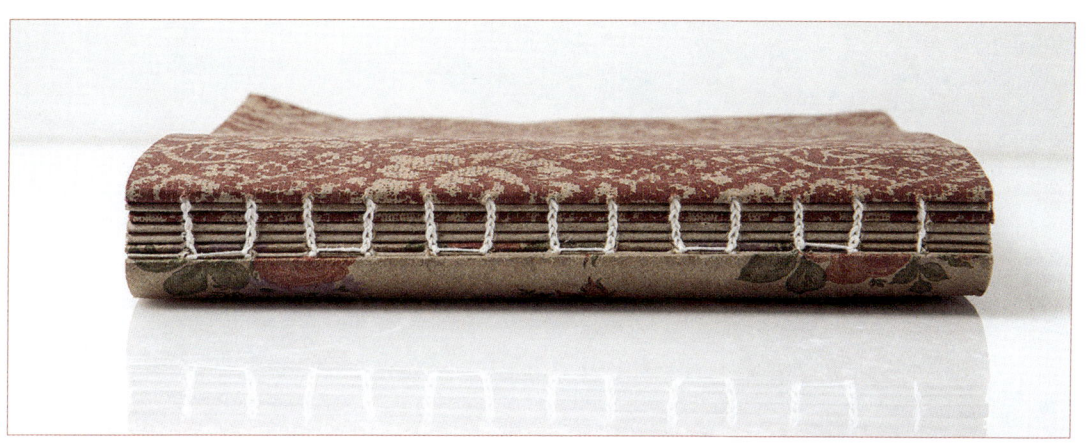

GRIMM BOOKS

BOSTON, MASSACHUSETTS, ESTADOS UNIDOS

Iris Grimm dirige Grimm Books, un pequeño taller de encuadernación independiente cuyos puntos fuertes son la calidad y el cuidado de los detalles. "Me esfuerzo en combinar diseños y técnicas innovadoras con el arte centenario de la encuadernación con el fin de crear libros que sean modernos y funcionales", explica Grimm.

Grimm es especialista en encuadernaciones cosidas a mano, las cuales van destinadas principalmente a diarios, libros de firmas para bodas y álbumes de fotos hechos por encargo como los que se muestran en estas páginas. Grimm mide y corta las partes de los libros y después los monta manualmente. "Forro los cartones con tela, doblo las páginas, mido, marco y perforo los orificios en los folios y lomos y después me pongo con la encuadernación." Los libros y diarios contienen varios tipos de cosido, realizados, por ejemplo, con punto de cruz sencillo y doble en forma de rombo, punto de cruz seguido (abajo a la izquierda), punto celosía, puntada larga, o el cosido copto de dos agujas (abajo a la derecha). Grimm utiliza estos cosidos por su durabilidad así como por su valor estético.

"Me encanta dedicarme a crear todos los días y pensar que estoy realizando piezas que otras personas usarán y valorarán."

Véase también:
Tela de encuadernación, pág. 174
Cosido copto, pág. 152

RAMA

BUENOS AIRES, ARGENTINA

RAMA es un colectivo de diseñadores residentes en Buenos Aires. Están especializados en encuadernación y en impresión tipográfica. En las imágenes se muestran algunos ejemplos de las encuadernaciones cosidas que realizan.

El libro *Ideas* (abajo a la derecha), con encuadernación copta y cubiertas en impresión tipográfica, es parte de una serie de cuadernos con cosido copto y cubiertas grabadas con tipos antiguos de metal y de madera.

Para *Write It Down* (arriba a la derecha) se escogió la encuadernación belga secreta por el detalle que aporta al lomo y a las cubiertas. "Es una técnica bonita y singular –señalan Sergio Plano y Natalia Cañas–. Queríamos una cubierta discreta, sencilla, delicada y sutil, por eso utilizamos una tela suave para aplicar el gofrado."

En ambos libros se utilizó cartulina de 3 mm para las cubiertas y papel Bookcel de 80 g para el interior. Las guardas de *Write It Down* se hicieron con papel Fabriano de 120 g.

Véase también:
Cosido copto, pág. 152

ANTONIO RODRIGUES JR.

BRASILIA, BRASIL

En la imagen se muestra el libro *Love*, del diseñador e ilustrador brasileño Antonio Rodrigues Jr. Con él comparte la letra de una de sus canciones favoritas, en un objeto que combina tres de sus pasiones: la tipografía, la creación manual y la poesía. Con motivo de la celebración del día de San Valentín se hicieron cincuenta copias a mano.

"Soy un apasionado de las manualidades y del papel. De pequeño solía pasar horas en tiendas y almacenes de papelería. Ahora se ha convertido en una de las mejores –y más sencillas– vías de escape cuando he tenido un día frenético."

Rodrigues encuadernó el libro con cosido japonés. Primero marcó dónde debían ir los orificios que permitirían coser el libro y después los perforó con un clavo. Las páginas interiores son de papel de algodón y las cubiertas se hicieron con cartón y papel de estraza.

Véase también:
Cosido japonés, pág. 150

GABRIELA IRIGOYEN HANDMADE BOOKS

RÍO DE JANEIRO, BRASIL

Gabriela Irigoyen, diseñadora residente en Río, aborda el diseño de libros (*véase también* pág. 16) desde una perspectiva experimental. "Me gusta crear libros que llamen la atención. Ya sea mediante un formato, un tipo de cosido o la elección de los colores con los que trabajo, lo que busco es una pieza que llame la atención."

En las imágenes se muestran sus contribuciones a la encuadernación con puntada larga. El diseño en forma de estrella (abajo a la derecha) se hizo cosiendo un bucle cerrado que mantiene unidos todos los hilos. Estos cosidos decorativos no solo otorgan valor estético al libro sino que además son resistentes y duraderos. Constituyen un atractivo detalle para el lomo, en el que Irigoyen utiliza una variante de la encuadernación Bradel, que contribuye a su elegante acabado.

Véase también:
Puntada larga, pág. 148

JIANI LU

TORONTO, CANADÁ

Durante su infancia, Jiani Lu, de nacionalidad china, pasaba el tiempo garabateando y haciendo recortables, joyas y estructuras origami, así que parecía claro que estaba destinada a una profesión creativa. "Me dedico al diseño, la fotografía y la ilustración, y mi curiosidad en la búsqueda de técnicas y procesos creativos novedosos no tiene límites. A lo largo de los años mi experiencia en el ámbito de la creación y el diseño se ha traducido en un interés primordial en el packaging y los materiales impresos, la encuadernación, la costura y el trabajo manual con papel. Cada proyecto es una experiencia de aprendizaje que me permite experimentar con los procesos, los materiales y la estética."

En las imágenes se muestran dos libros en los que Lu utilizó cosido copto y a caballete con grapa. *Tea-Hee* (abajo a la derecha) es un libro sobre la ceremonia del té y sus cubiertas están hechas a mano con tela de lienzo. Las páginas van agrupadas en cuatro cuadernillos y están encuadernadas con cosido copto. Lu eligió esta costura porque permite que el libro quede plano cuando está abierto.

En *Window Farms* (arriba a la derecha y página siguiente), un manual sobre huertos verticales para granjeros urbanitas, Lu utilizó un formato en acordeón con cinco secciones diferentes –cinco capítulos– que van cosidas a caballete con grapa. "Escogí el formato en acordeón para dotar al libro de varios enfoques de lectura. Cuando está plegado se lee del principio al final, como un libro corriente. Cuando está extendido se desvela la longitud del libro y la posibilidad de acceder de un vistazo al contenido de varios capítulos."

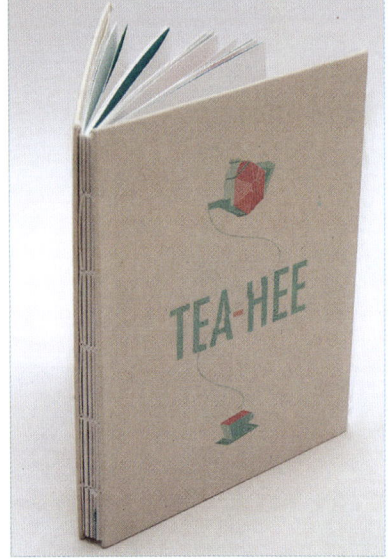

Véase también:
Libro en acordeón, pág. 134
Cosido copto, pág. 152

TWINE BINDERY

SPRING HILL, FLORIDA, ESTADOS UNIDOS

"Siempre me han encantado los diarios y los cuadernos. Y hago listas de manera compulsiva –comenta Eileen Pandolfo, artífice de Twine Bindery–. También me encanta crear objetos, así que monté Twine Bindery para hacer mis propios libros y cuadernos."

Pandolfo hace todos los libros manualmente. Una vez que tiene las cubiertas diseñadas e ilustradas, imprime las diferentes partes del libro, perfora los orificios, marca las esquinas, encola las piezas, incorpora los detalles, realiza el hendido y arma la encuadernación. Tiene debilidad por el cosido japonés, y lo utiliza en todos los libros. Para las cubiertas emplea papel acuarela Strathmore de 300 g o papel Kraft 100 % reciclado. "Me encanta el proceso que acompaña a la creación de un cuaderno o un diario. Cuando me surge una idea, he de dejar inmediatamente lo que esté haciendo y ponerme con ello. Luego disfruto muchísimo si-guiendo los pasos para construir y perfeccionar lo que he visualizado y diseñado." La ilustración de cubierta del diario de bolsillo *One-of-a-Kind Tribal* (abajo a la izquierda) la hizo la hija de Pandolfo, de catorce años, con un rotulador Sharpie de punta fina.

Véase también:
Cosido japonés, pág. 150

SATSUKI SHIBUYA

RANCHO PALOS VERDES, CALIFORNIA, ESTADOS UNIDOS

Satsuki Shibuya es diseñadora, cantante, compositora y consultora creativa. Vive en Los Ángeles. La agenda semanal que se muestra en las imágenes está inspirada en la naturaleza y en las estaciones y Shibuya decidió encuadernarla cosiéndola con punto de festón (el mismo que se utiliza para rematar ojales). "Una de las cosas que asocio a los cambios estacionales es el cambio del color de las hojas. A partir de este concepto inspirador comencé a recopilar imágenes que utilicé cuando me puse con el diseño. Hice seis estampados diferentes dibujados a mano que son interpretaciones gráficas de hojas."

Shibuya usó la encuadernación con punto de festón porque quería que el libro permaneciese plano al abrirlo. "Es un cosido bonito y original y me pareció perfecto para el tamaño y la función de este proyecto." El papel de algodón en color crema va impreso tipográficamente.

ENCUADERNACIONES COSIDAS

SPROUTS PRESS

TORONTO, CANADÁ

Sprouts Press es el nombre de un pequeño taller de imprenta y encuadernación que dirige la diseñadora Carolyn Eady desde su estudio en su casa de Toronto. Su actividad se centra en la encuadernación manual de libros, diarios, *sketchbooks* y cuadernos de notas, en los que emplea varias técnicas de encuadernación cosida, aunque también le gustan la serigrafía, el dibujo y la pintura.

En los trabajos de encuadernación Eady utiliza, entre otros materiales, cartones nuevos y reciclados, papeles que encuentra y reutiliza, otros hechos manualmente, papel Florentine y papeles Chiyogami y Washi.

"Muchos de los libros que he hecho son el resultado de combinar una estructura funcional con un diseño adaptado a determinadas actividades, como la pintura con acuarela o la escritura", explica Eady. Este diario forma parte de una serie y está encuadernado con cosido belga secreto. Escogió esta técnica porque, además de permitir que el libro quede plano al abrirlo, también se puede dar la vuelta a la cubierta anterior. Además, este cosido maximiza el uso del papel, ya que permite acceder a las esquinas de las páginas.

Las cubiertas van forradas en papel Florentine estampado y se combinan con papel Accent en el lomo y en los bordes delanteros del libro. Como detalle final, en la cubierta se colocó una cinta en el punto donde confluyen los dos tipos de papel utilizados.

OLIVE ART

MILLIS, MASSACHUSETTS, ESTADOS UNIDOS

Kristi Oliver, de Olive Art, es profesora de artes creativas. Se inició en la encuadernación en los primeros años de su carrera docente utilizando el método copto y desde entonces ha hecho cientos de libros.

"Adoro hacer libros y verlos terminados. Son como pequeños –a veces grandes– tesoros. Me encanta ver el uso que les da la gente y lo que ponen en el interior. También me gusta crear artículos personalizados para conmemorar bodas y otras ocasiones especiales y tratar de reflejar mi personalidad como artista al tiempo que incorporo toques íntimos que rinden homenaje al destinatario del libro."

En estas imágenes se muestran dos libros de Oliver con cosido copto confeccionados con materiales diversos, como cintas de cierre de sobres usados (arriba a la derecha) y cartas náuticas (abajo a la derecha). "Vi una pila de cartas náuticas anticuadas en un varadero y de ahí surgieron los libros. Llevaba un tiempo utilizando mapas de carreteras, y siempre me ha fascinado su capacidad de sugerir aventuras (pasadas o presentes) y el concepto de documentar algún tipo de viaje, real o imaginario."

Oliver eligió encuadernar con cosido copto (con hilo de lino encerado) porque es resistente y porque permite que el libro permanezca plano al abrirlo.

Véase también:
Cosido copto, pág. 152

CANTEIRO DE ALFACES

RÍO DE JANEIRO, BRASIL

Luisa Gomes Cardoso es encuadernadora y vive en Río. Para ella, el arte de la encuadernación se basa en la experimentación. Además de emplear técnicas tradicionales, le gusta desarrollar encuadernaciones cosidas propias que surgen de su pasión por la costura.

"Aprendí a coser con mi madre cuando era una niña. Ella y mis abuelas me transmitieron el amor por la costura, y mi padre me enseñó a amar los libros. Empecé haciendo ropa pero al poco tiempo estaba cosiendo libros. Mi mayor reto en el arte de encuadernar es aplicar las técnicas que he aprendido cosiendo, bordando y tricotando."

En la selección de trabajos de las imágenes se muestran varios tipos experimentales de cosido para libros, entre ellos una encuadernación tricotada (arriba a la derecha) y un cosido *caterpillar*. Los libros de la página siguiente (de mayor a menor) están confeccionados con punto escalera, cosido pantográfico, punto bucle y punto tallo portugués.

Por norma general, para hacer las cubiertas de los libros Cardoso emplea tapas forradas en cartón y piel. Después les aplica una capa fina de cera a mano. Los hilos que utiliza en las encuadernaciones son de nailon, encerados o de bordado tradicionales.

RUTH BLEAKLEY

COCOA BEACH, FLORIDA, ESTADOS UNIDOS

Ruth Bleakley, residente en Florida, es diseñadora y profesora (*véase también* pág. 22). Es especialista en libros con encuadernación copta y en variantes de este tipo de cosido. "El cosido copto es, sin duda, uno de los favoritos de los clientes que encuentro en las ferias de artesanía. Lo más probable es que esto se deba al hecho de que es imposible conseguir ese cosido con una máquina y, por lo tanto, no es habitual encontrar este tipo de encuadernación en una librería. Me gusta utilizar este método porque permite crear diarios que quedan completamente planos al abrirlos, con lo que resulta mucho más cómodo escribir. Además, la trenza en el exterior del lomo le da al libro un aspecto fabuloso."

Con frecuencia Bleakley utiliza cartas de navegación en las cubiertas, si bien también emplea cinta Washi (*véase* pág. 22) y otros tipos de papel, entre ellos el marmolado (*véase* pág. 91). "Normalmente comienzo con el papel de las cubiertas: elijo el material que me gustaría transformar en un libro y a partir de ahí empiezo a trabajar. El color de los ojales y del hilo lo decido cuando ya tengo el corte de la cubierta," explica. El libro confeccionado con una variación de la encuadernación con costura francesa que se muestra en la imagen (abajo a la izquierda) es uno de los primeros experimentos con cosido con lomo al aire que hizo Bleakley. "La norma general es ocultar el cosido con el lomo, pero pensé que dejándolo a la vista quedaba impecable."

Véase también:
Cosido copto, pág. 152
Encuadernación con costura francesa, pág. 156
Papel marmolado Suminagashi, pág. 164

ODELAE

ISLAS ORCAS, WASHINGTON, ESTADOS UNIDOS

Erica Ekrem, diseñadora gráfica y encuadernadora, es la responsable del estudio Odelae. Trabaja desde casa, en las islas Orcas (Washington). La mayoría de sus diseños están inspirados en la naturaleza, en su entorno y en los cuentos tradicionales.

"Los diarios de Odelae nacen a partir de materiales desgastados y descoloridos que han sobrevivido desde los primeros años del siglo XX. Descubro cosas que me inspiran en viejos baúles y en cajas de almacenes de librerías. Rescato materiales que ya no se valoran o que se caen a trozos, recupero lo que queda de ellos y los devuelvo a la vida."

Los cuadernos de campo (*Field Journals*) que se muestran abajo se crearon para registrar observaciones recogidas en contacto con la naturaleza. El diseño estrellado del cosido de los lomos está inspirado en un cielo nocturno y en la idea de plasmar las constelaciones en un libro. Las cubiertas están hechas con una cubierta reciclada de un libro usado. Los lomos se han reforzado con tiras de cuero. La tripa es de papel suave de escritura y las cubiertas van forradas en papel aterciopelado. Los cuadernillos, en los que Ekrem alternó el color para añadir un toque de fantasía y diversión, van unidos con cosido de puntada larga.

Véase también:
Puntada larga, pág. 148

HELLOJENUINE

GLASGOW, REINO UNIDO

Jen Collins, también conocida como Hellojenuine, es ilustradora. Hace dibujos a lápiz y a tinta y es una amante de la serigrafía.

En las imágenes se muestra uno de sus cuadernos en edición limitada, encuadernados manualmente y estampados en serigrafía con una ilustración de una bicicleta perpetua. Para encuadernarlos, Collins utilizó el cosido a caballete, sencillo pero robusto, que permite una apertura total de los cuadernos.

"La serigrafía y la encuadernación pueden llegar a ser terapéuticas. Si bien son métodos que llevan mucho tiempo, esto también implica que me encargo de cada paso, de principio a fin, y, por lo tanto, puedo supervisar los artículos a lo largo de todo el proceso de creación."

Para crear los cuadernos, Collins utiliza cartulina y papel reciclados de la marca Eco-Craft. "Para mí es importante usar materiales reciclados en mis cuadernos, ya que en ellos empleo más papel que en otras cosas que hago, y me gusta reutilizar su contenido. El papel reciclado del interior no es tan fino como para que se transparenten los dibujos. Eso me gusta, y también que las hojas no sean de un blanco nuclear."

Véase también:
Cosido a caballete, pág. 146

AG&P HANDMADE

MINNEÁPOLIS, MINNESOTA, ESTADOS UNIDOS

Rima Bueno es diseñadora gráfica *freelance* y dirige AG&P Handmade. En las imágenes se muestran varios de sus libros, confeccionados con encuadernación cosida (cosido copto y puntada larga).

"El diseño de los libros con cosido copto es bastante funcional. Puesto que van a usarse como *sketchbooks*, me gusta que sean limpios y sencillos: no quiero imponer directrices sobre la disposición del contenido." Rima escogió el cosido copto porque es especialmente apropiado para los cuadernos, ya que permite que al abrirlos las páginas queden planas.

En *Wonderland* (arriba a la derecha) Bueno incorpora su interés por los grabados y la tipografía a la creación de libros. Los minilibros (abajo a la derecha) nacieron como experimentos para ensayar la puntada larga y el cosido copto.

Véase también:
Cosido copto, pág. 152
Puntada larga, pág. 148

NIGHTJAR BOOKS

TORONTO, CANADÁ

Amy Egerdeen es encuadernadora y dirige Nightjar Books, donde dibuja y diseña cubiertas, hace *zines*, serigrafías y encuaderna libros.

"Me encanta involucrarme en cada uno de los aspectos de mis trabajos. Dibujo con tinta y pincel y diseño *patterns* a partir de mis ilustraciones. Hago las serigrafías de todas las cubiertas y desarrollo conceptos y diseños nuevos."

Los libros que se muestran abajo lucen ilustraciones realizadas por Egerdeen: casas, flechas, hachas, la luna y algunas más. Luego diseña con ellas los *patterns* en Photoshop y hace la pantalla con la que imprime el papel que ha escogido para las cubiertas. Cuando ya tiene listos los diferentes elementos del libro, los une cosiéndolos con hilo de lino encerado empleando cosido copto.

"Estos libros surgen de una combinación de mi gusto por los libros con encuadernación copta y las ideas nuevas para *patterns* y diseño de cubiertas. Me gusta muchísimo ilustrar y diseñar *patterns* y, por supuesto, la encuadernación en sí misma. Es genial coser los cuadernillos a las cubiertas y sentir que el libro toma forma."

Véase también:
Cosido copto, pág. 152

BECCA HIRSBRUNNER

ARLINGTON, TEXAS, ESTADOS UNIDOS

Becca Hirsbrunner ha encuadernado libros de diferentes estilos y métodos (*véase también* pág. 24), pero su especialidad es la encuadernación con cosido japonés.

"Quiero comprobar hasta dónde puedo estirar los límites de los estilos de encuadernación, en particular los del cosido japonés. Me gusta pensar un boceto complejo e ingeniármelas para hacerlo funcionar dentro de las limitaciones propias del estilo en cuestión. Particularmente, me gusta crear diseños orgánicos, ya que los dibujos que se obtienen con la mayoría de las técnicas son estrictamente geométricos."

En estas imágenes se aprecian algunos de estos estilos de cosido, con los que Hirsbrunner consigue diseños diferentes, por ejemplo, una libélula y los hilos de un títere (ambos abajo a la derecha). "Los cosidos complejos exigen un cierto tipo de ritmo, pero una vez que lo descifras, las posibilidades son infinitas. Por ejemplo, antes de dar con el cosido del títere había creado varios diseños geométricos sencillos uniendo cuadrados y triángulos simples. Pero luego pensé: «¿por qué no superponer varios triángulos?»" Hirsbrunner perfora los agujeros en la tripa de los libros y luego crea sus diseños con hilo de algodón encerado.

Véase también:
Cosido japonés, pág. 150

LOUISE WALKER

MELBOURNE, AUSTRALIA

Louise Walker es diseñadora gráfica y también trabaja en los ámbitos de la ilustración, la serigrafía, la tipografía y la creación de libros. "Hoy en día, dedicarse al diseño gráfico supone pasar mucho tiempo trabajando con el ordenador. Por eso siempre aprovecho cada oportunidad que se me presenta de alejarme de la tecnología y volver a lo básico, a lo manual, como es el caso de la encuadernación, un método de producción auténticamente manual."

El diseño de cubierta del diario de viaje que se muestra en las imágenes es obra de Walker. Va fijado sobre cartón de manualidades. Después se juntó con las páginas interiores y se realizó el alzado para empezar la encuadernación. Walker escogió el cosido copto sobre todo por motivos estéticos. "Me encanta el aspecto artesanal del cosido copto, y casa perfectamente con el estilo de estos diarios de viaje. Me gusta el hecho de que me permita un control total sobre la encuadernación: es decir, cómo de tenso está el hilo, el número de páginas de cada cuadernillo, el número de orificios a perforar y, por supuesto, el color del hilo. Hay algo que quizá la gente no sabe de este tipo de cosido y es que, incluso cuando el libro va envejeciendo y el hilo del cosido se va aflojando, las páginas continúan unidas: nunca se sueltan.

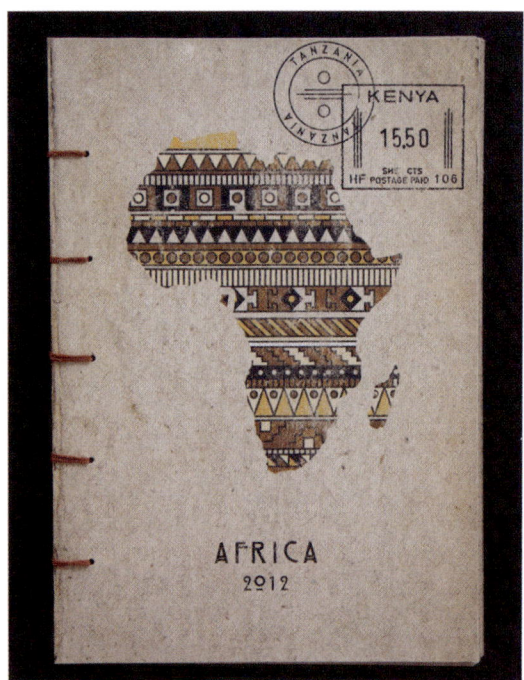

Véase también:
Cosido copto, pág. 152

GABRIELA IRIGOYEN HANDMADE BOOKS

RÍO DE JANEIRO, BRASIL

Gabriela Irigoyen, residente en Río, es diseñadora (*véase también* pág. 16 y 51). En sus trabajos experimenta con varios tipos de encuadernaciones cosidas; por ejemplo, en el libro que se muestra en la imagen cosió unos cordeles sobre la cubierta de manera que quedan en relieve.

Primero se unen los cuadernillos y las cubiertas –encuadernadas en tela– mediante el cosido copto del lomo. Después los cordeles se incorporan a las dos puntadas del medio por la parte posterior y se cosen alrededor del lomo y sobre la cubierta anterior con hilo de bordar. Con esta técnica se logran una textura y unos detalles de gran belleza. Asimismo, el cordel, rematado en el extremo con abalorios, se enrolla alrededor del libro y se usa como cierre.

Véase también:
Cosido copto, pág. 152

WEST CERMAK

MINNEAPOLIS, MINNESOTA, ESTADOS UNIDOS

West Cermak es un proyecto con sede en Minneapolis en el que colaboran Trinh Mai, diseñadora y creativa, y Jeffrey Nelson, artista e mpresor. En los trabajos que producen intentan combinar toda una variedad de materiales nuevos y antiguos; rebuscan en tiendas de segunda mano y tiendas *outlet* especializadas en antigüedades y dan un nuevo uso a artículos que de otro modo acabarían en la basura. La imagen de cubierta del libro *Mountain* (abajo a la izquierda) es una fotografía antigua de una montaña.

Para encuadernar los libros utilizan tela de encuadernación, hilo de algodón encerado, papel y, en algunos proyectos, impresión serigráfica. Los cosidos preferidos de Mai son el copto y el cosido a caballete sencillo de cinco orificios. "Me gusta usar estas técnicas porque me permiten crear un lomo atractivo y con un buen acabado y, en el caso del cosido copto, porque permite que los libros queden planos al abrirlos." Asimismo, Mai utiliza papeles recuperados siempre que le es posible.

Véase también:
Tela de encuadernación, pág. 174
Cosido copto, pág. 152
Cosido a caballete, pág. 146

H&G HANDMADE

PROVINCIA DE ZHEJIANG, CHINA

Hu Jin es encuadernadora autodidacta. Vive en Quzhou, una ciudad pequeña del este de China, y dirige H&G Handmade (*véase también* pág. 87). En sus libros utiliza materiales muy diversos: lino, papel, piel, metal, arcilla y madera. También le gusta combinar materiales diferentes y experimentar con los resultados que obtiene. Eso es exactamente lo que hizo en el libro de cuero y lino que se muestra abajo a la derecha: en las cubiertas de lino usó un diseño en cruz sencillo y para el lomo escogió una serie de líneas.

Los dos libros que se muestran en las imágenes se hicieron cortando primero dos piezas de cartón para las cubiertas y uniéndolas con un papel resistente que también se empleó para reforzar el lomo. Después Hu adhirió tela sobre el cartón para rematar las tapas y cuando las páginas interiores estuvieron listas cosió los libros con puntada larga.

"Elegí este tipo de encuadernación porque, aunque el álbum esté repleto de fotos, la estructura aguanta y mantiene la forma, y además se consigue un lomo muy flexible. Cuando se diseña y cose un libro con puntada larga y se usa cuero es importante combinar adecuadamente los materiales. Siempre presto atención a las formas del cuerpo del libro y de los componentes de las cubiertas."

Véase también:
Puntada larga, pág. 148

TEAM ART

TORONTO, CANADÁ

Amanda Lo y Charline Wang, responsables de Team Art, confeccionan artículos de papelería entre los que destacan los libros para colorear hechos a mano. Son libros divertidos repletos de juegos de palabras. Todos están dedicados a los temas favoritos de las creadoras y su objetivo es entretener. "El primer libro para colorear que hicimos fue *Boy Bands: A Colouring Book*. Lo subimos a la red y en poco tiempo se hizo muy popular. Decidimos desarrollar y rebautizar la idea para crear una serie de libros sobre animales y cultura pop que incluye libros sobre Jon Hamm, chicas graciosas y las series de televisión *Parks and Recreation*, *Mad Men* y *Juego de tronos*."

Los programas Adobe Illustrator e InDesign son fundamentales para dibujar, diseñar y preparar los trabajos para imprenta. Una vez que todo el material está impreso, los libros se montan manualmente. El siguiente paso es unir las páginas cosiéndolas a máquina; luego se guillotinan los bordes. La encuadernación se remata con una faja sobre la que va estampado el título.

ENCUADERNACIONES COSIDAS

WINDY WEATHER BINDERY

GRAND RAPIDS, MÍCHIGAN, ESTADOS UNIDOS

Wendy Withrow es encuadernadora y también confecciona cajas artesanales. Desarrolla su trabajo en el estudio de su casa, en Grand Rapids, Michigan. Por medio de su labor en Windy Weather Bindery, su objetivo es emparentar la encuadernación artesanal tradicional con los diseños y materiales contemporáneos más punteros. "Mi aspiración es crear objetos funcionales de factura cuidada, sencillos y bonitos, y alegrar las vidas de las personas. Mi especialidad son las cajas y los libros encuadernados a mano personalizados que me encargan mis clientes, entre los que hay fotógrafos, diseñadores y artistas."

Withrow trabaja sobre todo con telas y con papel, pero de vez en cuando también usa cuero. En muchos de sus libros utiliza un tipo de encuadernación en tapa dura de origen alemán que se conoce con el nombre de *millimetre binding* (literalmente, 'encuadernación al milímetro'). Es una encuadernación elegante y pulcra que normalmente incorpora cuero –aunque Withrow suele usar tela– en la cabeza y el pie del libro para mejorar la durabilidad de la encuadernación. "Este estilo de encuadernación me gusta especialmente porque refuerza las esquinas, la cabeza y el pie, que son las partes que tienden a deteriorarse con facilidad. Me encanta la elegancia que aportan las líneas limpias y rectas –a diferencia de las diagonales de tela que cubren las esquinas en las encuadernaciones en media piel–. Otro aspecto positivo es que permite mostrar el papel sobre la tela."

Asimismo, Withrow también suele utilizar la encuadernación Rubow, una variante de la encuadernación *millimetre* de origen danés.

Véase también:
Encuadernación en tapa dura, pág. 160

SEA LEMON

SCOTTSDALE, ARIZONA, ESTADOS UNIDOS

Jennifer Bates, residente en Phoenix, trabaja como diseñadora gráfica profesional a tiempo completo, pero en su tiempo libre hace libros, artículos de papelería y proyectos DIY *online* que publica con el nombre de Sea Lemon. "Disfruto mucho el proceso de diseñar libros personalizados, escoger los materiales y analizar los tipos de encuadernación para después hacer libros funcionales y originales. Me gusta trabajar con varios tipos de papel e hilo y crear encuadernaciones cosidas únicas o modificar los estilos existentes."

Los libros en tapa dura que se muestran en estas imágenes se diseñaron para usarlos como diarios o *sketchbooks*. Bates hizo primero las tripas y luego confeccionó las cabezadas decorándolas con el papel de las cubiertas, las cuales van adheridas directamente al lomo de la tripa.

La tapa (o cubierta) está hecha con un papel decorado a juego. El papel se aplica al cartón de libros y después la tripa se adhiere a la tapa.

Véase también:
Encuadernación en tapa dura, pág. 160

3
TRATAMIENTOS PARA PÁGINAS Y CUBIERTAS

A lo largo de este capítulo veremos los diversos tipos de tratamientos para los interiores y las cubiertas de libros que utilizan los creadores: de los experimentos con colorantes alimentarios al marmolado y la estampación manual, existe una amplia variedad de métodos para alterar y manipular los materiales. Algunas técnicas son más complejas que otras, pero con todas se consigue el mismo resultado: aportar personalidad, textura o color a los libros hechos a mano.

Los trabajos de la artista neoyorquina Natalie Stopka se centran en el uso de los materiales. En este capítulo examinamos las cubiertas de sus libros, teñidas con plantas y con adornos cosidos a mano, así como las cubiertas marmoladas de Ruth Bleakley y las de Lotta Hellberg, teñidas al índigo y producidas con impresión ecológica. Estos y otros ejemplos de reciente actualidad muestran los resultados tan bonitos que se pueden conseguir aplicando estas técnicas.

ANNA FEWSTER

KENT, REINO UNIDO

Anna Fewster dirige un pequeño taller de impresión en una casa de campo en la costa este del condado de Kent, Inglaterra. Imprime textos literarios en una máquina de impresión tipográfica Adana Eight-Five. La textura y el color son el eje de sus creaciones.

"Me gusta crear obras que expresen y reflejen mi pasión por el diseño y los detalles y que fomenten la apreciación de la textura y calidad propias de la impresión tipográfica."

En el libro que se muestra en las imágenes Fewster utilizó la técnica del marmolado para dar color y textura a las cubiertas. Estuvo varias semanas haciendo pruebas hasta que dio con los colores y la apariencia adecuados. Fewster usa acuarelas inmersas en un baño de carragenina para crear este efecto marmolado, un método tradicional un poco caótico que produce resultados intensos. "La cualidad espontánea e imprecisa del marmolado es maravillosa. Cada cubierta es totalmente inimitable."

Los interiores del libro van impresos tipográficamente. Fewster utilizó papel Zerkall de 145 g hecho en molde de color crudo. Para las cubiertas utilizó un papel Somerset satinado de 200 g, ya que para conseguir un marmolado limpio y definido es preciso trabajar con superficies suaves. El libro va encuadernado a caballete cosido con hilo de algodón.

Véase también:
Cosido a caballete, pág. 146
Papel marmolado Suminagashi, pág. 164

ALICE FOX

YORKSHIRE, REINO UNIDO

Alice Fox es artista visual. Trabaja con materiales textiles y técnicas de impresión, y gran parte de su inspiración procede de la naturaleza. Fox tiene experiencia en el ámbito de la conservación y con su obra busca hacer uso de procesos sostenibles con el fin de rendir homenaje al mundo natural al tiempo que minimiza el impacto sobre él.

"En mis trabajos utilizo papel, lino, seda y lana. Con frecuencia uso papel como si fuese un tejido más: lo coso y lo tiño como haría con una pieza de tela."

La serie que se muestra en las imágenes, titulada *Tide Marks*, está inspirada en los paisajes costeros. Es un registro de los paseos por la playa de la autora. Para lograr el efecto que se aprecia en las páginas, Fox tintó el papel con té y luego lo puso en remojo; después hizo colografías con planchas y láminas de impresión fabricadas con objetos encontrados. Para los interiores del libro se utilizó papel Fabriano Rosaspina, un papel resistente que soporta el repujado profundo del grabado en colografía. En las cubiertas se utilizó cartón gris cubierto en tela de encuadernación blanca.

"Estos libros son crónicas de mis paseos por la playa: instantáneas que atrapan momentos, texturas y huellas capturadas en un formato lineal."

Véase también:
Libro en acordeón, pág. 134

SCANTRON PRESS

PORTLAND, OREGÓN, ESTADOS UNIDOS

Nourish, All Our Relations, creado por Diane Jacobs, de Scantron Press, rinde homenaje a las maravillas del mundo, tanto natural como artificial. Pero, oculta tras esa belleza se esconde una bomba de relojería medioambiental de dimensiones catastróficas. Mediante el uso de la metáfora y la seducción, Jacobs entreteje capas de imágenes para dar a entender la urgencia del tema. Este es un libro de artista sin encuadernación que se compone de ocho folios plegados dos veces, impresos a doble cara y alojados en una caja de bambú plegable confeccionada a mano. Jacobs preparó quince grabados en relieve imprimiendo los diferentes colores por separado; imprimió láminas de polímero hechas a partir de dibujos y después utilizó técnicas de estampación por presión. Las páginas soportaron más de cien pasadas en una Vandercook para impresión tipográfica.

Durante el proceso de creación de *Nourish*, Jacobs descubrió una cualidad artística en el papel transparente: como la luz pasa a través de las páginas, las capas de color e imágenes adquieren una dimensión mayor que la mera suma de las partes y revelan significados nuevos. En el proyecto se utilizó papel Gampi-shi, Gampi de doble capa y Usuyo Gampi. La caja de bambú contiene una espoleta de porcelana y una cuchara de pasta de papel de desecho cosida sobre fieltro de lana.

TRATAMIENTOS PARA PÁGINAS Y CUBIERTAS 81

SERENA OLIVIERI

MADRID, ESPAÑA

Serena Olivieri, de nacionalidad italiana, es ilustradora y en la actualidad reside en Madrid. Ha aprendido a hacer libros de manera autodidacta. Le apasiona el diseño de *patterns* y siempre está dispuesta a experimentar con técnicas nuevas. Sus cuadernos hechos a mano son un despliegue de *patterns*, coloridos contornos silueteados y *pop-ups*.

"Me encanta el proceso que conlleva la creación de estos libros. Cada vez que empiezo uno nuevo encuentro el modo de hacer algo diferente. Me gusta mucho ir a la papelería y elegir entre la gama de texturas de los papeles."

La cubierta de *Flores* (derecha) incluye ilustraciones dibujadas a mano con los bordes silueteados. "Quería crear algún tipo de decoración para la cubierta y empecé dibujando unas flores, pero no me convencía, así que decidí recortar unos trozos de los bordes", explica Olivieri. El libro está realizado con la técnica de encuadernación a la italiana, un ejemplo más de cosido sencillo.

ANNEKE DE CLERCK

JABBEKE, BÉLGICA

Anneke de Clerck (*véase también* pág. 20) es la creadora de esta serie de seis libros, cuyas cubiertas están estampadas manualmente.

"Encontré el sello fotorrealista con una rosa (es de Darkroom Door), y cuando me puse a hacer pruebas con él en busca del color adecuado, surgió la idea de hacer una serie de seis libros." El resultado son seis libros con estampados de colores distintos reunidos en una caja hecha a mano.

De Clerck encuadernó los libros con cosido copto. "Me encanta este cosido, fue el que empleé en mi primer libro. Es genial porque, como queda plano cuando está abierto, facilita mucho el uso del cuaderno para pintar, dibujar o escribir."

Las cubiertas son de papel satinado de gramaje de grosor medio en color crema; para forrar la caja De Clerck eligió un papel hecho a mano.

Véase también:
Cosido copto, pág. 152

CATHY DURSO

BOSTON, MASSACHUSETTS, ESTADOS UNIDOS

Cathy Durso, residente en Boston, es artista y encuadernadora. Su especialidad son las cubiertas con bordados. Hace a mano diarios, *sketchbooks*, estuches para porfolios y cajas para guardar recuerdos. También crea libros por encargo y tapas de cajas, sobre los que borda, entre otros motivos, imágenes, monogramas, nombres, fechas y frases.

"La mayoría de mis clientes son artistas que quieren un estuche personalizado para su porfolio, así como personas que buscan un recuerdo especial para obsequiar a un artista o un escritor. Me gusta la dualidad de la creatividad y la atención meticulosa a los detalles que requiere la encuadernación. Me encanta transformar las propuestas de mis clientes en objetos acabados que después amarán y guardarán como tesoros."

Durso se inspira esencialmente en la ciencia y en la naturaleza. Dibuja los diseños en el reverso de la tela y los usa como guía para coser. Una vez que ha cosido el patrón en la tela, la adhiere al cartón de libros. Cuando se trata de libros con el lomo oculto, utiliza la encuadernación de multicuadernillos al estilo tradicional occidental, ya que es resistente y duradera y, por lo tanto, ideal para libros que se usan con mucha frecuencia, como los diarios y *sketchbooks*.

Véase también:
Tela de encuadernación, pág. 174

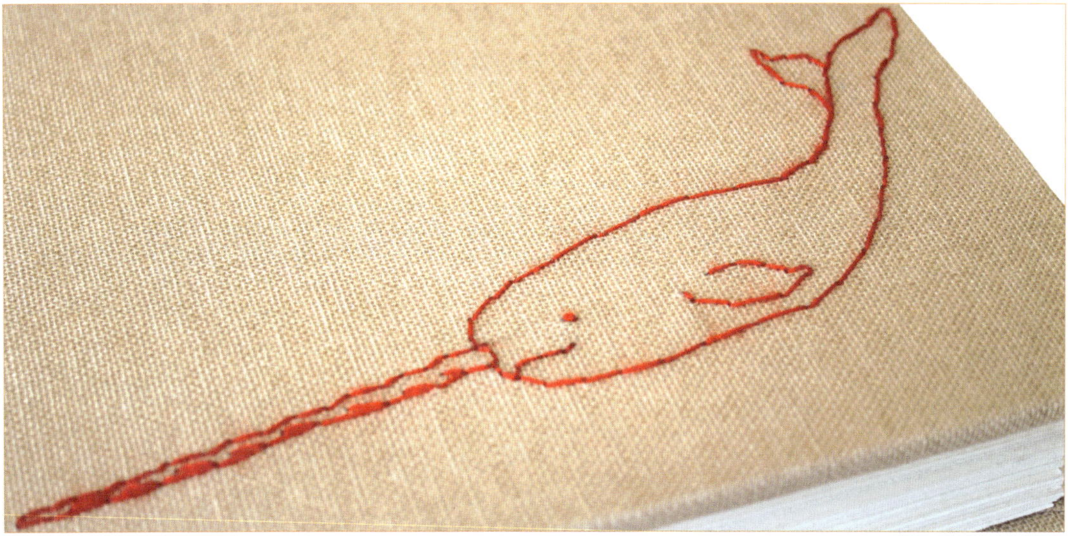

TRATAMIENTOS PARA PÁGINAS Y CUBIERTAS

INAYZA

EL CAIRO, EGIPTO

Inayza es el nombre del estudio de Gina Nagi, artista y diseñadora residente en El Cairo (*véase también* pág. 46). Como se aprecia en las cubiertas que se muestran en las imágenes, Nagi aborda los proyectos desde una perspectiva experimental.

En el libro bordado (centro), creado para un mercadillo navideño, el cosido copto del lomo se prolonga en un diseño bordado en la cubierta. Nagi perforó agujeros de 2 mm en la cubierta y luego cosió con hilo de algodón.

Para la cubierta impresa a mano (arriba), creó un estampado utilizando sellos vegetales hechos con patatas, zanahorias y pimientos, así como envoltorios viejos de chocolatinas. La cubierta del cuaderno, encuadernado con un cosido a caballete sencillo, es de papel Canson.

La cubierta marmolada (abajo) se creó para un cliente que tenía un interés especial en dicha técnica. Nagi emparejó este método tradicional de la vieja escuela con una tela moderna de color vivo en el lomo. En la encuadernación del libro utilizó hilo de algodón, gasa y cartulina, e incluyó una tira cosida para reforzar el lomo.

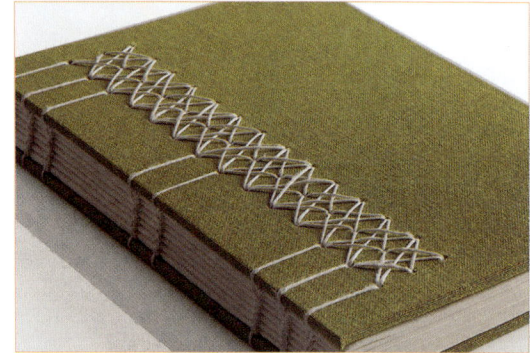

Véase también:
Cosido copto, pág. 152
Cosido a caballete, pág. 146
Papel marmolado Suminagashi, pág. 164

H&G HANDMADE

PROVINCIA DE ZHEJIANG, CHINA

Hu Jin es encuadernadora autodidacta y dirige H&G Handmade (*véase también* pág.72). Vive en Quzhou, una ciudad pequeña del este de China.

Hu diseña imágenes y estampados que luego imprime sobre la tela de encuadernación. Sus fuentes de inspiración son muchas y variadas, si bien las flores y los árboles están muy presentes en sus diseños. "La naturaleza siempre me inspira. Mis diseños me transportan a sensaciones concretas, como la de estar tumbada sobre la hierba oyendo el sonido de las hojas y las ramas mecidas por el aire."

Hu serigrafió estas cubiertas manualmente. Después fijó la tela de lino al cartón de libros y lomontó y casó con los cuadernillos para coserlo, para lo que escogió el cosido copto: "un tipo de encuadernación sencilla y elegante que concede una visibilidad total a los motivos de las cubiertas. Además, me parece que la cubierta y el tipo de costura se complementan muy bien".

Véase también:
Tela de encuadernación, pág. 174
Cosido copto, pág. 152

TRATAMIENTOS PARA PÁGINAS Y CUBIERTAS

INK+WIT

FAYETTEVILLE, NUEVA YORK, ESTADOS UNIDOS

Tara Hogan, fundadora de INK+WIT, es diseñadora gráfica e ilustradora y está especializada en imagen de marca, diseño de papelería e impresión de ediciones limitadas. Le gusta experimentar con materiales y texturas, y en sus trabajos se inclina sobre todo por la impresión tipográfica, la chapa de madera y la serigrafía.

Este libro es un proyecto personal dedicado a su abuelo, que rinde homenaje a su amor por la naturaleza y la vida al aire libre. Hogan llevó a cabo una investigación fotográfica profusa y escaneó las imágenes; luego montó un *collage* e implementó la tipografía en Adobe Illustrator. Asimismo, buscó varios tipos de papel y de texturas.

El libro va cosido a caballete con hilo de bordar natural. "El proceso de creación de un libro se compone de muchas capas –explica Hogan–, cuando descubres el trabajo que implica, la precisión que exige y el tiempo que requiere, aprecias los libros muchísimo más.

Véase también:
Cosido a caballete, pág. 146

LOTTA HELLEBERG

CHARLOTTESVILLE, VIRGINIA, ESTADOS UNIDOS

La artista Lotta Helleberg, de nacionalidad sueca, trabaja con materiales textiles, realiza grabados y ha aprendido a crear libros de forma autodidacta. Utiliza tejidos teñidos e impresos manualmente como materiales de base de colchas, *collages* y otros artículos.

"Los libros hechos a mano poseen una capacidad de contar historias –sin necesidad de utilizar muchas palabras– que me fascina. Siempre me ha encantado hacer cosas bonitas y útiles, y así es como surgieron estos cuadernitos."

En las imágenes se muestran unos cuadernos en cuyas cubiertas se utilizaron procedimientos de impresión ecológicos y tinte al índigo. Para imprimir de manera ecológica se disponen en capas el papel (o la tela) y las plantas; después se enrollan o se sujetan tensos con ayuda de abrazaderas y se exponen a agua hirviendo o vapor. El tinte índigo también es un método natural, y más rápido, ya que basta con introducir el papel en un balde con tinte varias veces para conseguir líneas y fluctuaciones de color sutiles.

Véase también:
Tinte con plantas naturales, pág. 172

RAMA

BUENOS AIRES, ARGENTINA

RAMA es un colectivo de diseñadores residentes en Buenos Aires especializados en encuadernación y en impresión tipográfica (*véase también* pág. 49). Sus trabajos se centran en el color, la tipografía y la experimentación con diferentes materiales, e incluyen habitualmente varios tipos de papeles, cartulinas y tejidos, así como materiales reciclados diversos, por ejemplo, revistas y periódicos antiguos, plásticos y madera.

En las imágenes se muestra *Rainy Days*, un inimitable cuaderno en tapa dura en el que se utilizó papel Bookcel de 80 g para las páginas, Fabriano de 120 g para las guardas y una cartulina de 3 mm para la cubierta, que va forrada en tela de encuadernación blanca pintada a mano con pintura textil y acrílica.

Véase también:
Tela de encuadernación, pág. 174

RUTH BLEAKLEY

COCOA BEACH, FLORIDA, ESTADOS UNIDOS

Ruth Bleakley, residente en Florida, es diseñadora y profesora (*véase también* pág. 22 y 60). Es experta en encuadernación de libros con cosido copto y en decoración con papel marmolado.

"El marmolado es un método para decorar papel muy antiguo en el que se utilizan tintas flotantes o pinturas sobre una superficie líquida: para obtener el papel marmolado basta con colocar una hoja de papel sobre las tintas y sacar una copia única de la superficie."

La técnica de marmolado preferida de Bleakley es la tinta negra Sumi-E sobre agua. Con este método japonés se obtienen diseños que recuerdan a las vetas de madera, con anillos gruesos alternos en blanco y negro. Una vez que el papel marmolado está seco, Bleakley lo utiliza para forrar las cubiertas de los libros con encuadernación copta. Asimismo, también hace papeles marmolados con tintas de colores.

Véase también:
Cosido copto, pág. 152
Papel marmolado Suminagashi, pág. 164

TRATAMIENTOS PARA PÁGINAS Y CUBIERTAS

FEEDING THE LAKE

LINCOLN, NEBRASKA, ESTADOS UNIDOS

Katie Taylor Frisch, responsable de Feeding the Lake, es una artista cuya materia prima son las fibras, y también es encuadernadora. Trabaja sobre todo con lanas afieltradas y con papel hecho a mano. Utiliza una amplia gama de técnicas para confeccionar materiales que luego usa en las cubiertas de los libros que encuaderna artesanalmente. La cubierta que se muestra en las imágenes está confeccionada con colorantes reactivos a las fibras, unos tintes sintéticos que, literalmente, se unen con las fibras. Asimismo, imprime en xilografía sobre tejidos de lino y utiliza papel de algodón con pigmentos hecho a mano. Para los interiores de los libros emplea papel reciclado hecho a mano o cartulina Neenah Environment de 362 g.

"Mis libros y diarios surgen de mi pasión por los tejidos. También me encanta hacer esos recipientes hermosos depositarios de sabiduría y experiencia que son los libros."

Véase también:
Tela de encuadernación, pág. 174

COLDSNAP BINDERY

BERLÍN, ALEMANIA

Leah Buckareff nació en Canadá, pero en la actualidad reside en Berlín, Alemania. Leah es encuadernadora y la mayor parte de sus creaciones son libros en tapa dura, aunque también le gusta estampar, pintar y bordar sus diseños sobre las telas que utiliza en las cubiertas de los libros.

"Normalmente me inspiro en mis viajes (paisajes abstractos) o en el papel o tela que vaya a emplear en cada proyecto. En consecuencia, cada libro es inimitable… Algunos motivos se repiten, pero las particularidades de cada material y el hecho de que absolutamente todo está hecho a mano significa que no existen dos libros exactamente iguales."

Las cubiertas de *Little Trees* (arriba y centro) llevan un forro de lino con unos pequeños pinos bordados. Las páginas son de papel Canson libre de ácido; para armar el libro Buckareff utilizó el plegado en acordeón.

I Used to be Wood (abajo) va cosido a caballete e incluye los bordados de Buckareff. Los diarios muestran un mensaje ("Yo era madera") inspirado en el papel con textura de vetas de madera de la cubierta: "Quería que las personas que compran libros y diarios recordaran la procedencia de los materiales con los que están hechos, que lo tuvieran en cuenta. Supongo que es una forma de compartir mi sensación de culpabilidad poniéndole un toque de humor." Buckareff pintó los bordes de las páginas con acuarelas, en colores a juego con los hilos de los bordados.

Véase también:
Cosido a caballete, pág. 146

PAINTED FISH STUDIO

SAINT PAUL, MINNESOTA, ESTADOS UNIDOS

Jen Shaffer, diseñadora de Painted Fish Studio, confeccionó estos libros troquelados manualmente en el estudio que tiene en su casa de Minnesota. En ambos libros forró los cartones con tela y después, sobre una plantilla de papel, hizo los agujeros de las letras con una taladradora manual para libros. Seguidamente se adhiere una hoja de papel a la cara interior de los cartones y, cuando está seco, se cosen o se encolan –en función del tipo de libro de que se trate– los cuadernillos.

"Mi material de trabajo favorito es el papel, pero siempre busco la forma de hacer que sea especial. Me gusta utilizar combinaciones de colores y adornos inesperados. A veces me pregunto si mi pasión por la encuadernación no será una excusa para justificar que compre los papeles tan bonitos que encuentro."

En la cubierta de *Hi* (arriba) Shaffer utilizó cartón de acabado mate y tela de encuadernación rosa; en los interiores, papel de acuarela Arches. La cubierta de *Hello* (abajo) está hecha con cartón mate forrado en tela de encuadernación de color blanco crudo y los interiores son de Dur-O-Tone Newsprint Extra White, un papel de la marca French.

Véase también:
Tela de encuadernación, pág. 174

EMMA BONSALL

ALBERTA, CANADÁ

Emma Bonsall, de nacionalidad inglesa y residente en Canadá, se ha especializado en artículos artesanales fabricados con materiales reciclados. Para decorar libros sus materiales favoritos son los atlas antiguos, los libros de texto de geografía, los mapas turísticos y los mapas de metro viejos. "Los mapas que ya no se utilizan presentan unas formas, colores e historia tan bellos que siempre estoy rescatándolos. El hecho de convertir un cuaderno corriente en un objeto apetecible transformándolo con materiales reciclados me parece la combinación perfecta."

La cubierta de *Atlas* se creó con páginas de un atlas incluido en un *National Geographic* de la década de 1970; las páginas se entretejieron para crear una "tela" que después se adhirió a las cubiertas del libro. Los libros con cubiertas estampadas están hechos con sobres reciclados. Bonsall los recortó y plegó y, jugando con los distintos papeles, separándolos por colores y tipos de estampado, creó diseños complementarios con los que trabajar.

"Los sobres de seguridad ofrecen todo un espectro de posibilidades de combinar colores y estampados. Por lo general, son diseños geométricos que se prestan perfectamente a la creación de piezas creativas modernas. Me encanta la idea de que la gente guarde y utilice sus propios sobres: son una fuente abundante y gratuita de papeles decorativos que está al alcance de todos."

Véase también:
Cubierta tejida, pág. 176

TRATAMIENTOS PARA PÁGINAS Y CUBIERTAS

MARJOLEIN COENRADY

ELST, PAÍSES BAJOS

Marjolein Coenrady, de nacionalidad neerlandesa, es diseñadora gráfica y una apasionada del diseño de libros, la encuadernación, el papel y la tipografía. En los libros que se muestran en las imágenes combinó un aspecto único y artesanal por fuera con un interior decididamente funcional: los cuadernos de notas (esta página, abajo, y página siguiente) tienen páginas con líneas para escribir, y el cuaderno de bocetos (esta página, arriba), papel liso. Las imágenes de las cubiertas se crearon con plantas secas que Coenrady encontró en libros de colegio antiguos que habían pertenecido a su madre.

"Las muestras de plantas que encontré eran impresionantes; estaban guardadas con muchísimo cuidado, sujetas con trozos de cinta que habían amarilleado con el paso del tiempo. Escaneé las que estaban en mejor estado y creé una serie de artículos de papel con ellas que luego utilicé en las cubiertas de estos cuadernos."

Los libros de Coenrady llevan lomos de lino, y en el caso del *sketchbook*, una cinta para cerrarlo. Sus páginas van encoladas, lo que permite arrancarlas fácilmente.

AG&P HANDMADE

MINNEÁPOLIS, MINNESOTA, ESTADOS UNIDOS

Rima Bueno (*véase también* pág. 64) es diseñadora gráfica *freelance* y dirige AG&P Handmade. En la encuadernación encuentra un modo de alejarse del ordenador y desarrollar su creatividad.

"Me gusta engancharme a lo que me resulta interesante y divertirme con ello. En lo que respecta a la encuadernación, estaba deseando dar algún uso a las sobras de muestras de papel y materiales que he ido acumulando con mis trabajos impresos. Me encanta jugar con el papel y con los materiales, valorar sus características y propiedades y juntar colores y texturas variados."

Los libros de tapa dura y papeles Unryu lucen varios tipos de sobras de papel de texturas y colores diferentes. Son papeles suaves, parecidos a la tela, y presentan diversos grados de transparencia. Antes de montarlas, las tapas se cubrieron con papeles de colores para que no se viera el cartón marrón y desluciese el papel Unryu.

Véase también:
Encuadernación en tapa dura, pág. 160

HARRINGTON & SQUIRES

LONDRES, REINO UNIDO

Chrissie Charlton y Vicky Fullick son impresoras y diseñadoras y dirigen Harrington & Squires, con sede en el norte de Londres. Juntas producen diseños personalizados, láminas y artículos en impresión tipográfica y libros en edición limitada, además de montar talleres en los que enseñan tipografía y composición e impresión tipográfica.

En las imágenes se muestran dos de sus libros hechos a mano, *The Jealous Sole* (abajo a la izquierda) e *In Art* (arriba y abajo a la derecha). Las páginas de ambos se han agujereado y perforado. En *The Jealous Sole*, Charlton y Fullick utilizaron varios perforadores, cúteres y taladradoras para sumar una dimensión nueva a la superficie del papel. De forma similar, en *In Art*, la superficie del papel se trabajó con un sacabocados, perforando líneas de orificios que unen los diseños tipográficos al tiempo que se convierten en un elemento nuevo de las ilustraciones. Los dos libros están encuadernados a mano con un cosido estilo Singer.

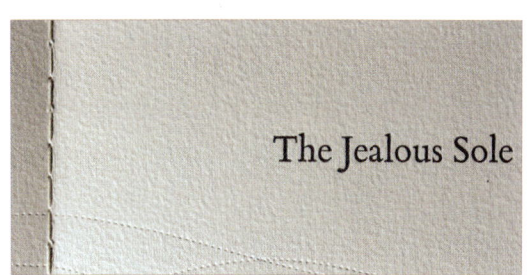

TRATAMIENTOS PARA PÁGINAS Y CUBIERTAS

PAPERIAARRE

JYVÄSKYLÄ, FINLANDIA

Kaija Rantakari es encuadernadora y artista y reside en Jyväskylä (Finlandia). Utiliza el cosido copto en muchos de sus libros. "Me encanta su sencillez, el hecho de que se reduzca a lo esencial. Combinar esta estructura tan básica con materiales elegantes resulta muy fácil."

A Rantakari le gusta especialmente utilizar cubiertas de telas y adornarlas con bordados y con los hallazgos *vintage* que va encontrando. El primer paso en el proceso de creación suele ser encontrar materiales que le inspiren, para después seguir con el diseño y la creación del libro. Las cubiertas de los libros que se muestran en estas imágenes lucen detalles de delicado encaje, lino y discos antiguos de latón.

"Generalmente en las cubiertas utilizo lino como material de base. Es un tejido bonito por sí mismo, pero también es un lienzo maravilloso donde colocar todo tipo de cosas, como adornos y detalles *vintage*, o bordados. Me gusta la capacidad que tiene el lino de aportar un aspecto atemporal, se puede manipular y virar hacia lo moderno tanto como hacia estilos de épocas lejanas."

Véase también:
Tela de encuadernación, pág. 174
Cosido copto, pág. 152

NATALIE STOPKA

NUEVA YORK, ESTADOS UNIDOS

Natalie Stopka reside en Nueva York y se define a sí misma como una creadora de libros con un interés especial por las estructuras poco convencionales, las telas y la cualidad táctil. "Los materiales determinan en buena medida mis trabajos y, por lo tanto, disfruto mucho el proceso de análisis en los primeros pasos de un proyecto. Trabajo sobre todo con fibras poco comunes, tejidos reutilizados y hechos a mano y telas antiguas. Y aquí cabe de todo: desde tintes e impresión ecológica hasta tejidos y bordados.

Las cubiertas de lino, las páginas, el hilo de encuadernar y las cabezadas de seda de estos libros encuadernados en tapa dura (esta página, arriba y abajo, y página siguiente, arriba a la izquierda) se tiñeron con plantas. Un mismo tinte aporta matices marcadamente diferentes a cada una de estas fibras, lo que da una idea de la amplia gama de colores que se pueden conseguir tiñendo materiales distintos con la misma planta. El tinte se extrae poniendo las plantas a remojo o hirviéndolas a fuego lento. Como mordiente, se aplica alumbre a cada una de las partes del libro para facilitar la penetración del tinte en las fibras de la tela y el papel; después se sumergen en un baño de tinte durante un mínimo de 24 horas y, una vez que se escurren y secan, ya están listas para usarlas en la encuadernación.

En las cubiertas que se muestran en la página siguiente, Stopka no solo empleó técnicas de bordado sino que también modeló una pieza de tela que va bordada con nudos franceses.

Véase también:
Tinte con plantas naturales, pág. 172

TRATAMIENTOS PARA PÁGINAS Y CUBIERTAS 103

4
PACKAGING EXPERIMENTAL

Experimentar con las cubiertas o el packaging es una manera fabulosa de añadir un atractivo extra a los libros y lograr que destaquen. Todos los libros que se incluyen en este capítulo presentan en sus hechuras materiales o técnicas cuya razón de ser es exactamente esa.

De los libros almohada de André Lee Bassuet (estudio Kowaikuma) y los libros con cubiertas de madera maravillosamente manufacturados por Norman Pointer a los libros tarta de Larissa Cox, de Boundless Bookbindery, y las cubiertas de concha de almeja de Erica Ekrem (estudio Odelae), todos amplían los límites del diseño y la experimentación. En algunos casos los artífices de estas cubiertas –y los de otras que figuran en las páginas siguientes– emplearon muchos días en hacerlas. Estos ejemplos ilustran las posibilidades creativas fascinantes del arte de hacer libros, desde la búsqueda de los materiales apropiados hasta la puesta en práctica y el perfeccionamiento de las técnicas de encuadernación y acabado.

THREE TREES BINDERY

CHARLOTTE, CAROLINA DEL NORTE, ESTADOS UNIDOS

Three Trees Bindery nació como un maridaje de dos de las cosas favoritas de la artista Michelle Skiba: los árboles y los libros. "Escribo un diario y colecciono libros, ambas aficiones me entusiasman y ello fue derivando –tan lenta como naturalmente– en la creación de libros con materiales que me encontraba en el bosque. Me quedaba embelesada con la belleza de una bellota, una hoja o un trozo de corteza de árbol. Era incapaz de ignorar esos pequeños símbolos y se convirtieron en fuente de inspiración para mi biblioteca de madera."

Skiba está especializada en libros de firmas para bodas y álbumes de fotos. El primer paso del proceso de diseño es seleccionar la madera y la corteza. El objetivo es resaltar la belleza orgánica y natural de la madera, lo que con frecuencia conlleva resaltar defectos e imperfecciones. "Para mí, esas son las propiedades que hacen únicos estos materiales. Lijo las tablas y les doy forma, después utilizo cera, pinturas y acabados a base de aceites naturales."

Para encuadernar los libros, Skiba utiliza un tipo de cosido que difiere ligeramente del tradicional copto. Lo desarrolló cambiando algunas puntadas para crear un motivo entretejido a lo largo del lomo. "Me encanta la yuxtaposición de las cubiertas rústicas y sencillas con la precisión y la delicadeza del cosido al aire."

Véase también:
Cosido copto, pág. 152

PACKAGING EXPERIMENTAL 107

JULIA NITZSCHE

YAOUNDÉ, CAMERÚN

Julia Nitzsche es artista y en la actualidad vive y trabaja en Camerún. Nitzsche creó las cubiertas de los libros que se muestran en las imágenes con trozos de tela rescatados. Antes de comenzar a tejer las cubiertas aplica un recubrimiento especial a las telas para reforzarlas y protegerlas y con ello facilitar el trabajo. Además de hacer cubiertas tejidas, emplea una técnica para coser retales de formas geométricas que consiste en colocar cartones forrados uno sobre otro combinando varias telas. Trabaja con *pagnes* que adquiere en su entorno local y con un algodón de gran calidad llamado *bazin riche* que se emplea para confeccionar artículos con batik y para teñir manualmente.

"En lo que respecta a tejer telas estampadas, me gusta probar la interacción; como son estampados grandes y de colores que contrastan, se crea un juego interesante entre las telas y el diseño rectilíneo del tejido. También me gusta el hecho de que el espectador complete mentalmente el diseño de los estampados más grandes, que queda interrumpido. Se pueden utilizar muchos tipos de telas para hacer cubiertas con motivos geométricos, y gracias a esa mezcla emerge un nuevo tipo de imaginería."

Véase también:
Cubierta tejida, pág. 176

KILLSIDE KRAFTS

TORONTO, CANADÁ

Melodie Kwan es encuadernadora y dirige Killside Krafts. Confecciona diarios encuadernados con cosido copto y artículos hechos a mano inspirados en las pizarras. Para crear sus libros trabaja con madera contrachapada de abedul báltico, cartón de libros, telas de lino y algodón y varios tipos de papeles y elásticos.

Kwan tomó como inspiración las primeras encuadernaciones coptas, cuyas tapas y cubiertas eran de madera, y encontró una buena alternativa en el contrachapado de abedul báltico: mantiene el aspecto sólido de la madera, ya que presenta vetas en ambas caras, al tiempo que posee casi el mismo grosor que el cartón de libros y, por lo tanto, es perfecto para las cubiertas.

En algunos casos Kwan aplica diseños sobre las tablas con una cortadora láser. Después junta las diferentes partes para armar el libro y lo encuaderna con cosido copto.

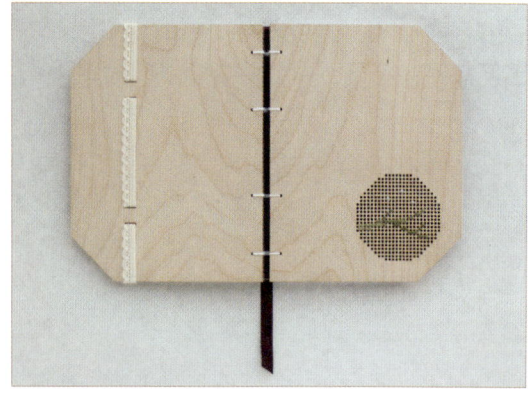

Véase también:
Cosido copto, pág. 152

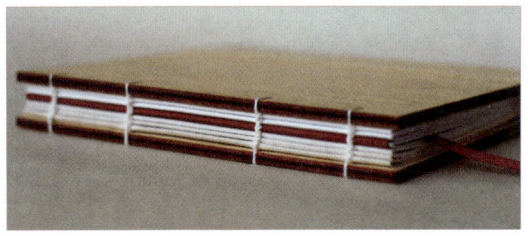

IMMAGINACIJA

OXFORD, REINO UNIDO

Lucie Forejtova es la artista al frente de Immaginacija y trabaja con material de papelería en el taller que tiene en su casa de Oxford, Reino Unido.

"*Immaginacija* significa 'imaginación'. A pesar de que es una palabra inventada y no proviene de ninguna lengua en particular, creo que se entiende en todos los idiomas. Mi trabajo tiene que ver con la imaginación –y con la de los clientes que me encargan libros diseñados exclusivamente para ellos–. Estoy especializada en cuadernos y diarios, pero también hago encuadernaciones específicas para ediciones limitadas o especiales de libros, por ejemplo, para panfletos de poesía."

En sus trabajos Forejtova utiliza una amplia variedad de estilos y materiales, entre otros, materiales hechos a mano y reciclados. En las imágenes se muestran cubiertas de libros tejidas (arriba) y de *patchwork* (abajo), cuyo punto fuerte es el uso de los colores.

Para crear el libro tejido, Forejtova utilizó tiras de varios tipos de papel (hecho a mano, decorado, pintado, marmolado) con el fin de hacer una hoja de papeles tejidos y luego cubrió con ella el cartón de encuadernador. En el libro de *patchwork* se emplearon papeles reciclados de sobrantes de otros proyectos. Los dos libros están encuadernados con cosido copto.

Véase también:
Cosido copto, pág. 152
Cubierta tejida, pág. 176

KOWAIKUMA

NUEVA YORK, ESTADOS UNIDOS

Kowaikuma es el nombre del estudio que dirige la artista André Lee Bassuet, residente en Brooklyn. *Kowai kuma*, que significa 'oso temible', es el apodo que le pusieron cuando estaba estudiando en Japón. "En invierno me encantaba hibernar como los osos, y si me quedaba sin comida, sin horas de sueño o sin arte, mi carácter era temible. Me encanta enfrentarme a retos creativos todos los días", dice Bassuet.

La influencia de Japón está presente en gran parte de su trabajo. Las cubiertas de libros que se muestran en las imágenes están confeccionadas con quimonos antiguos que se han reutilizado para hacer telas de encuadernación. Los libros almohada (abajo) son un guiño a un libro japonés del siglo XI muy conocido de Sei Shonagon que contiene citas, poesía y meditaciones. La autora, una dama de la corte de la emperatriz consorte Teishi, escribía en hojas que guardaba bajo la almohada. De ahí surge el nombre del proyecto –en una interpretación literal– de Bassuet.

A Bassuet le gusta confeccionar las encuadernaciones con cosido copto porque permiten escribir mensajes en el lomo. *XOXO* ('Besos y abrazos') (arriba) está pensado para regalárselo a un ser querido o para usarlo como diario romántico.

Véase también:
Tela de encuadernación, pág. 174
Libro almohada, pág. 180

PACKAGING EXPERIMENTAL 113

CHRISTER DAHLSLETT

ALTA, NORUEGA

Christer Dahlslett es diseñador gráfico y, en sus propias palabras, le gusta trabajar con cualquier material que caiga en sus manos. Por su condición de *freelance* viaja con frecuencia y pasa un mes o dos en cada ciudad antes de mudarse a otro lugar nuevo y estimulante. Le atrajo el mundo del diseño por las oportunidades que ofrece para hacer experimentos. "Me encanta echarle mano a casi todo. Disfruto experimentando con nuevos materiales, técnicas y herramientas, aunque siempre tengo en mente qué es lo que quiero comunicar con ellos."

Dahlslett hizo *The Water of Life* cuando estaba estudiando diseño. En él explora el mundo de los bebedores de whisky, especialmente el lado "varonil" del asunto. La obra se compone de tres libros individuales cosidos con puntada larga que van en el interior de un estuche de madera contrachapada. "Dado que el libro versaba sobre una bebida muy «varonil», para la cubierta quería algo robusto y recio. Utilicé madera contrachapada y la corté a láser. Después la lijé, apliqué varios tintes para hacer las manchas y luego encolé las piezas para construir la caja."

El texto se grabó sobre la cubierta con una cortadora láser (que también se utilizó para cortar la caja). Dahlslett utilizó madera contrachapada de 3 mm, y para los libros, que van cosidos a caballete, tres tipos diferentes de papel: papel acuarela de 180 g, papel de 150 g, y papel de 110 g de color blanco crudo.

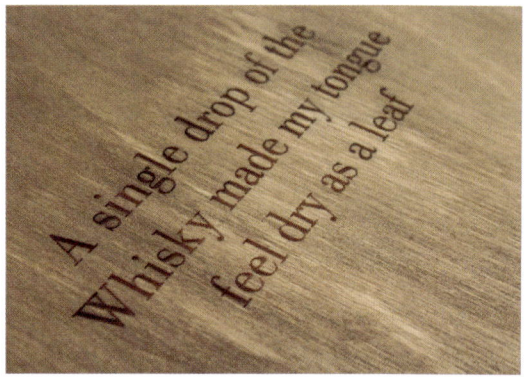

Véase también:
Cosido a caballete, pág. 146

PACKAGING EXPERIMENTAL

EWELINA ROSINSKA

LÓDŹ, POLONIA / LONDRES, REINO UNIDO

Ewelina Rosinska, de nacionalidad polaca, es diseñadora gráfica y abarca todos los ámbitos del diseño, desde el diseño de páginas web hasta la creación artesanal de objetos hechos a mano. En las imágenes se muestra el porfolio que hizo para reunir y mostrar el conjunto de su ecléctica obra. El libro, hecho a mano, contiene una serie de imágenes impresas que van cosidas juntas y encuadernadas en tapa dura. Con el fin de crear un porfolio original y distintivo, Rosinska escogió un material estampado (abajo) para las guardas y lino para las tapas.

"Con la creación de este libro quería hacer algo personal, algo que dejara ver que me preocupo por los detalles de los diseños." El libro se cierra con una cinta y va alojado en un estuche de cartón que se cierra con otra.

LIME RIOT

SEATTLE, WASHINGTON, ESTADOS UNIDOS

Mareth Cordell es la responsable de la empresa Lime Riot, que tiene su centro de operaciones en Seattle. Como buena creadora, hace sus pinitos en diversas disciplinas manuales (tricotar, bordar, coser, manualidades con papel, pintura, arcilla), pero siempre está dispuesta a probar cosas nuevas. Cordell hace continuamente listas de cosas, así que se le ocurrió hacer unas sobrecubiertas para los diarios y cuadernos que usa para anotar listas, ideas y las cosas que le inspiran. Las sobrecubiertas son cambiables, de manera que pueden volver a utilizarse en libros y diarios diferentes.

Para identificar cada uno de los cuadernos (recetas, listas, ideas para decoración, costura, tricotado, artesanía, etcétera) Cordell estampa un código Dewey Decimal (un sistema de clasificación usado en las bibliotecas) en la cubierta anterior.

Las cubiertas se componen de una combinación de retales, seleccionados cuidadosamente, que después Cordell une cosiéndolos a máquina.

Véase también:
Sobrecubierta de tela, pág. 178

NORMAN POINTER

BARDSTOWN, KENTUCKY, ESTADOS UNIDOS

Norman Pointer es un médico jubilado que ahora dedica su tiempo a crear libros hechos a mano con cubiertas de madera. Él mismo se encarga de recoger la madera y, en algunos casos, incluso de talar los árboles. Luego aplica diferentes tratamientos a la madera para envejecerla.

"Como vivo cerca de Louisville y del río Ohio dispongo de la madera que traen consigo las cataratas: son una fuente de materia prima estupenda. Uno de los proyectos que tengo en marcha es una colección de libros con madera de árboles autóctonos americanos."

Una vez que la madera ha sido recogida y está lista para usar, Pointer la corta a medida y taladra los agujeros de cosido. Después la lija y cose a la cubierta los cuadernillos previamente preparados. Utiliza hilo de lino encerado irlandés y cosido copto. Pointer usa madera de plantas y árboles diversos, entre ellos el zumaque, la secuoya de California, el almez, el nogal negro, la uva salvaje de California, el acebo y el ciprés calvo.

Véase también:
Cosido copto, pág. 152

PACKAGING EXPERIMENTAL

BOUNDLESS BOOKBINDERY

VIENA, AUSTRIA

Natural de Bath, Inglaterra, en la actualidad Larissa Cox reside en Viena, donde crea libros hechos a mano que firma con el nombre Boundless Bookbindery. Estos 'libros tarta' están inspirados en su ciudad.

"Viviendo en Viena, cuna de una repostería excelente, parecía natural inspirarme en esta tradición y hacer unos libros en forma de tarta. Mi objetivo era que su aspecto fuese lo más parecido posible a un trozo de tarta, pero que aun así los libros funcionasen perfectamente. Todos ellos poseen las dimensiones de un trozo -bastante generoso- real de tarta."

Los libros se encuadernaron con tapas de forma rectangular y después se cortaron a mano en forma de triángulo. Seguidamente, Cox puso las cubiertas y cosió las cabezadas. Las páginas interiores de los libros tarta son de papel Fabriano Tiziano, y las cubiertas, de lino de encuadernación y papel decorado.

Véase también:
Encuadernación en tapa dura, pág. 152

HINGED STRUNG STITCHED

PORTLAND, OREGÓN, ESTADOS UNIDOS

Molly Lewis y Michelle Johnson dirigen Hinged Strung Stitched, un pequeño taller de encuadernación con sede en Portland especializado en álbumes de fotos personalizados y en libros, cajas y porfolios únicos e inimitables. "Somos encuadernadores y trabajamos para mantener vivo y próspero el arte tradicional de la encuadernación", sostienen.

El porfolio de arquitectura que se muestra en la imagen de la página siguiente es una creación de Matt Fuhr. Está encuadernado con cosido copto y las cubiertas de madera de cedro están grabadas a láser. El diseño del libro con tres pliegues, en esta página, está basado en el plegado en ventana tradicional, pero Lewis y Johnson lo modificaron e hicieron un libro totalmente independiente que no precisa estuche.

"El libro está encuadernado con un sencillo cosido a caballete. Como está formado por varios cuadernillos, la encuadernación resulta elegante y arquitectónica; lo llamamos «encuadernación con puntada larga» porque esa denominación describe mejor su aspecto."

Véase también:
Cosido copto, pág. 152
Cosido a caballete, pág. 146

ASKIDA

ESTAMBUL, TURQUÍA

Özlem Kumru es la fundadora de Askida y diseña y hace libros y accesorios a mano, por ejemplo, bolsos y sombreros. Sus cubiertas estan realizadas, en su mayoría, con una base de madera de balsa decorada con materiales y objetos variados.

"Me encanta la armonía especial que desprende la combinación de objetos contradictorios (fieltros, objetos encontrados, gemas, abalorios) y usarla para diseñar un 'paisaje' en la cubierta." Kumru es una encuadernadora autodidacta; comenzó a investigar las técnicas históricas de encuadernación tras graduarse. Cose los apliques con hilo de algodón sobre las cubiertas de madera de balsa de 4 mm. Para encuadernar utiliza varios cosidos (belga secreto, copto) y emplea tanto hilo de algodón encerado como hilo de rafia y cordel. Para los interiores de los libros utiliza papel Canson de 160 g.

"Me encanta el diseño que se consigue con el cosido belga secreto en las cubiertas y el lomo. Sin embargo –simplemente por motivos de espacio–, en los libros más pequeños suelo utilizar cosido copto."

Véase también:
Cosido copto, pág. 152

ODELAE

ISLAS ORCAS, WASHINGTON, ESTADOS UNIDOS

Erica Ekrem es diseñadora gráfica y encuadernadora y dirige el estudio Odelae (*véase también* pág. 62).

"Me esfuerzo por vivir en armonía con el entorno que me rodea. Busco continuamente el equilibrio entre el mundo natural y el creado por la humanidad. Trabajo con materiales encontrados, sobre todo con artículos *vintage* y con cosas que veo en la naturaleza, como conchas de almeja o trozos de madera que llegan a la orilla del mar."

La idea del libro con cubiertas de concha que se muestra en la imagen surgió durante un paseo por la playa. Forma parte de una serie: el primer libro se hizo con una concha de almeja, pero Ekrem también ha utilizado conchas de vieiras, berberechos y ostras. Para la tripa del libro se usó papel de escritura 100 % reciclado. Se taladraron agujeros en las conchas, después se montó el libro uniéndolas al bloque de cuadernillos y, por último, se completó la encuadernación con cosido copto e hilo de algodón.

Ekrem escogió el cosido copto porque refleja la sencillez y humildad de las conchas reutilizadas. Los libros concha no llevan ningún tipo de adhesivo y, por lo tanto, son 100 % biodegradables.

Véase también:
Cosido copto, pág. 152

5
TUTORIALES PRÁCTICOS

Mientras que los capítulos previos de este libro sirven de inspiración, este último ofrece instrucciones y consejos prácticos para dominar una amplia variedad de técnicas de encuadernación. Algunos de estos tutoriales son más detallados que otros. Algunos requieren un mayor número de materiales y herramientas para realizarlos. Pero todos son accesibles y proporcionan, tanto a los principiantes como a los artesanos con conocimientos avanzados, la oportunidad de crear una serie de libros exclusivos y personales.

Con estos tutoriales paso a paso ilustrados harás un recorrido por una amplia gama de técnicas: del método sencillo de plegado en acordeón al plegado complejo del carrusel; del cosido a caballete básico a encuadernaciones más avanzadas, como la encuadernación con costura francesa y el cosido copto y las instrucciones para encuadernar un libro en tapa dura. En este capítulo también se muestran diversas técnicas para decorar papel y se ofrecen ideas para crear cubiertas llamativas, con diferentes tratamientos como el papel marmolado Suminagashi, la técnica *frottage* o los tintes con plantas naturales.

MATERIALES Y HERRAMIENTAS

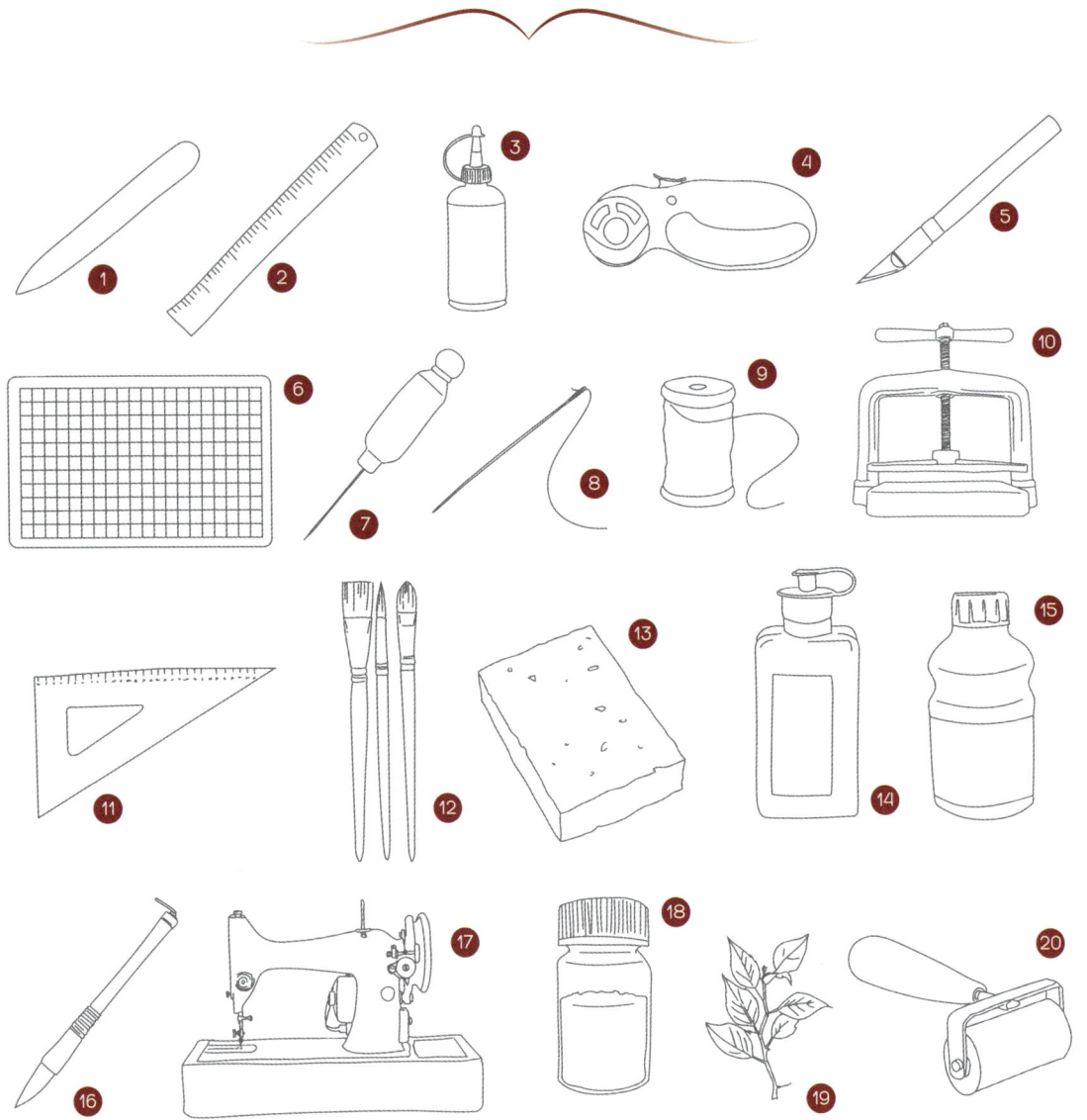

Papel Los papeles arte de calidad suelen fabricarse con trapos de algodón o de lino. Prueba con diferentes tipos para ver cuál se ajusta a tu presupuesto. Ten cuidado con los papeles con alto grado de acidez, como el de periódico o el papel para manualidades, ya que son demasiado quebradizos para encuadernar. Existe una gran variedad de gramajes y formatos que se adaptan a usos diversos.

El papel decorado es una opción muy recomendable para las guardas y para forrar los cartones de la tapa. En las tiendas profesionales se puede encontrar una gran variedad de papeles decorados, como el marmolado, el texturizado, papel de colores y papeles japoneses. Algunos papeles de envolver son de una calidad óptima, sin embargo, ten cuidado con los que sean frágiles ya que al doblarlos se pueden rasgar. También puedes fabricar tus propios papeles decorados, por ejemplo, papel empastado (*véase* pág. 168) y papel marmolado (*véase* pág. 164), o aplicar la técnica del frotado, o *frottage* (*véase* pág. 170).

Papel Kozo El papel Kozo, con frecuencia denominado incorrectamente "papel de arroz", procede de Japón, Tailandia y Corea. Es un tipo de papel resistente, grueso y con fibras largas. Es bueno como material de respaldo, para hacer arreglos y también para páginas de libros.

Papel de dibujo Hosho Sumi de Yasutomo Uno de los tipos de papel recomendados para el marmolado Suminagashi (*véase* pág. 164).

Cartón de libros El cartón de libros o "cartón de encuadernador") se adquiere a través de proveedores especializados en encuadernación (*véase* Recursos útiles, pág. 184).

Tela de encuadernación La tela de encuadernación es tela que ha sido encolada y/o respaldada, de manera que se le puede aplicar cola sin que el adhesivo traspase el tejido. Se adquiere a través de proveedores de materiales de bellas artes y manualidades, o también puedes fabricarla tú mismo (*véase* pág. 174).

Plegadera de hueso Herramienta primordial en encuadernación. Sirve para plegar, pulir e incluso rasgar el papel. Es una especie de abrecartas de hueso, aunque también hay plegaderas de plástico. Las de silicona son más caras, pero no dejan marcas en el papel, así que si estás muy interesado en la encuadernación merece la pena que inviertas en una de ellas. **(1)**

Regla de acero Las reglas de acero no se deforman y son de gran ayuda para cortar líneas rectas con un bisturí. El reverso de corcho proporciona sujeción, evitando con ello que la regla se mueva y dañe el papel. **(2)**

Cola PVA Aunque el PVA (acetato de polivinilo) es inodoro, contiene sustancias tóxicas y según los estándares de la Agencia Europea para la Seguridad y la Salud en el Trabajo (Eu-OSHA) los trabajadores deben llevar guantes y máscara para manipularlo. Por lo tanto, hay que usarlo siempre con cuidado y procurar, por ejemplo, no dejar un envase de cola abierto cerca de una taza de café. Existen colas PVA termoendurecidas, algunas ofrecen un secado flexible y otras, como la Jade PVA, quedan más rígidas y son mejores para las cajas. Lava bien tus pinceles con agua fría después de trabajar con PVA. **(3)**

Brocha de encolar En tiendas de encuadernación se venden brochas para encolar. Para trabajar con engrudo es preferible utilizar brochas de cerdas naturales. Para trabajar PVA las brochas más baratas también ofrecen un buen resultado.

Lápiz Siempre es útil tener cerca un surtido de lápices. Mantenlos afilados para señalar las medidas con precisión.

Tijeras Utiliza tijeras afiladas y de calidad. Conviene disponer de tijeras de varios tamaños.

Cúter rotativo Se usa para hacer *patchwork* y también se utiliza para cortar tiras largas de papel para luego tejerlas; asimismo, es útil para cortar pliegos grandes y adaptarlos al formato de página que necesites. **(4)**

Bisturí El secreto de un corte preciso es utilizar una hoja afilada –y una plancha de corte de calidad–. Las reglas de acero con la cara posterior de corcho y la plancha de corte facilitan la tarea al trabajar con cortadoras, por ejemplo, con un cuchillo X-Acto. Los bisturís quirúrgicos mantienen el afilado más tiempo y conservan las puntas en mejor estado. Las hojas del cuchillo Olfa se desprenden fácilmente, lo que para algunas personas resulta más cómodo que cambiar las cuchillas. **(5)**

Plancha de corte Las planchas de corte autocicatrizantes son muy útiles para trabajar con herramientas de corte. Una plancha arrugada se alisa en una prensa de fotomontaje. **(6)**

Punzón de encuadernador Es una aguja con un mango de madera que se utiliza para hacer agujeros en el papel y el cartón. Las agujas de grabado y las de alfarero también sirven. Ten cuidado con los punzones con bonitos mangos ovalados: a menudo se doblan y se rompen.

Hay varios tipos de punzones para hacer agujeros de tamaños diversos (es aconsejable hacerse con un surtido). En las tiendas de artículos para encuadernación se venden punzones para principiantes y para profesionales. También se venden en ferreterías, pero debes tener cuidado con los punzones con puntas muy gruesas. **(7)**

Aguja de encuadernar Utiliza agujas gruesas y de calidad, ya que con el hilo de algodón las agujas finas pueden romperse. Algunos encuadernadores prefieren utilizar agujas de tapicero con la punta roma y perforar los orificios con un punzón. Asegúrate siempre de que el ojo de la aguja es lo suficientemente grande para el grosor del hilo. Las agujas curvas son útiles para el cosido copto. **(8)**

Hilo de algodón El mejor hilo para coser libros es un hilo de algodón resistente. Puedes teñirlo o bien comprar hilos de diferentes colores. También hay hilos de diversos grosores. Para evitar que el hilo se líe, úntalo con cera de abeja. **(9)**

Cinta de doble cara La cinta de doble cara resistente a la luz es una buena solución para algunas encuadernaciones. También puedes preguntar por rollos de papel adhesivo en las tiendas especializadas en encuadernación y en fotografía.

Molde de horno Si eres un principiante, o si vas a trabajar con niños, los moldes de horno te pueden servir para elaborar los tratamientos para el papel –como el tinte o el marmolado–, pero si vas a usar estas técnicas regularmente merece la pena que inviertas en unas cubetas como las que se usan en fotografía.

Prensa de encuadernación Una prensa de encuadernación es un instrumento de hierro fundido muy pesado que aplica presión para comprimir los libros cuando se están secando y evitar así que se arruguen. Se venden a través de proveedores especializados en encuadernación. **(10)**

Escuadra Una escuadra resulta muy útil para asegurar que el papel y el cartón queden cuadrados y tengan ángulos rectos. Las escuadras transparentes con retículas y borde de metal son las que proporcionan mayor precisión para realizar mejor los cortes. **(11)**

Brochas Las brochas para engrudo se pueden encontrar en tiendas especializadas en encuadernación. Las brochas baratas se pueden usar con cola PVA. Córtalas con unas tijeras y déjalas a una medida de 2,5 cm para obtener mejores resultados. Los pinceles de caligrafía se venden en la mayoría de las tiendas de artículos para bellas artes. **(12)**

Esponja Una esponja de celulosa nueva y limpia, o una natural, es muy útil para humedecer el papel, por ejemplo, en la elaboración de papel empastado (*véase* pág. 168). Asimismo, para hacer un libro almohada (*véase* pág. 180) se puede utilizar un trozo de esponja o de gomaespuma pegado entre la tela de encuadernación y la cubierta. **(13)**

PARA TUTORIALES ESPECÍFICOS

Tornillo de banco Un tornillo de banco es útil para mantener las páginas unidas, por ejemplo, para realizar una encuadernación con cosido japonés (*véase* pág. 150). También sirve para sujetar el cartón a la mesa y hacer los ángulos rectos con mayor precisión. Si vas a cortar cartón manualmente es preferible sujetarlo con una abrazadera a una plancha de corte sobre una mesa de trabajo.

Papel de periódico Usa papel de periódico para proteger tu mesa de trabajo, o compra papel nuevo y despreocúpate de si la tinta se traspasa a tu trabajo.

Retales Los retales, o cualquier otro tipo de restos de tela –por ejemplo, trozos recortados de prendas que ya no usamos–, sirven para confeccionar cubiertas de libros nuevas (*véase* pág. 174).

Tinta Sumi-E Esta tinta japonesa se vende en tiendas de materiales de bellas artes. Se usa para crear papeles decorados, por ejemplo, en la técnica de marmolado Suminagashi (*véase* pág. 164). Los kits de marmolado Suminagashi incluyen varios colores de tinta flotante. **(14)**

Dispersante (como Photo-Flo) Sustancia química que se utiliza en la técnica del papel marmolado. **(15)**

Pinceles de caligrafía Los pinceles de caligrafía tienen la punta fina y se venden en las tiendas de materiales de bellas artes y a través de proveedores de suministros para caligrafía. **(16)**

Pasta de trigo La pasta de trigo, que se emplea para elaborar papeles empastados (*véase* pág. 168), se adquiere a través de proveedores de materiales de encuadernación, o puedes hacerla tú mismo con harina sin blanquear y agua (proporción 1:6). También se puede preparar con almidón de maíz (proporción 1:12).

Sellos En muchas papelerías y tiendas de suministros para bellas artes venden surtidos de sellos de goma e incluso puedes encargar sellos personalizados.

Almohadilla Las almohadillas de tinta para sellos de goma vienen en una amplia gama de colores, entre ellos algunos metálicos.

Máquina de coser Los libros no se suelen coser a máquina, sin embargo, la máquina de coser resulta útil para perforar papel y para confeccionar cubiertas de tela (*véase* pág. 174). **(17)**

Alumbre (sulfato de aluminio o sulfato de aluminio y potasa) Polvo utilizado en tintes con plantas vegetales (*véase* pág. 172) para favorecer la retención de los pigmentos. **(18)**

Plantas tintóreas Son plantas tintóreas, entre otras, la manzanilla, la coreopsis, la zarzamora, la dalia, el eucalipto y la camomila amarilla. **(19)**

Guantes Usa siempre guantes para protegerte las manos cuando manipules papel o trabajes con sustancias químicas. Invierte en unos resistentes o cómpralos de usar y tirar.

Crayones para marcar Los crayones para marcar se utilizan también para marcar metales. Se venden en ferreterías. También puedes fundir cuidadosamente trozos de lápices de cera para niños, ponerlos en moldes de madalenas y emplearlos cuando trabajes la técnica del *frottage* (*véase* pág. 170).

Espátula limpiacristales Espátula ancha de goma con mango de madera que se utiliza para alisar los tejidos y retirar el agua. También se utiliza en estampación serigráfica.

Rodillo Los rodillos para tinta suelen ser de caucho. **(20)**

LIBRO INSTANTÁNEO

POR ESTHER K. SMITH

El sistema de plegado denominado 'libro instantáneo' se conoce también con los nombres de 'libro origami' y "folleto de ocho páginas". El libro que se muestra en este tutorial tiene cubiertas y seis –tres dobles– páginas. Para confeccionarlo se necesita una hoja de papel y unos sencillos pasos de corte y plegado. Puedes cambiar la plegadera por una plancha y confeccionarlo con tela.

ENCUADERNACIÓN PLEGADA

MATERIAL NECESARIO
- Papel de 21,5 x 28 cm
- Una plegadera de hueso
- Unas tijeras o un cuchillo
- Una plancha de corte para cuchillo

1. Dobla el papel por la mitad a lo largo y pasa la plegadera de hueso para pulirlo.

2. Dobla el papel otra vez en la dirección contraria y alísalo con la plegadera.

3. Dobla el papel por la mitad de nuevo, en la misma dirección, y alísalo con la plegadera.

4. Desdobla el papel y da la vuelta a los pliegues de manera que parezca una 'W'.

5. Rasga o corta el pliegue central desde el pico al valle de la 'W'.

6. Junta los lados como se muestra en la imagen para formar el cuerpo del libro.

Arriba: Esther K. Smith

1.

2.

4.

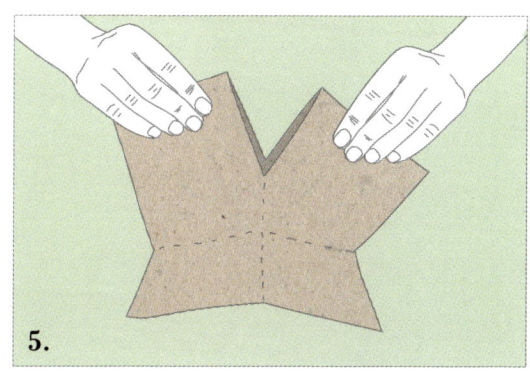

5.

6a.

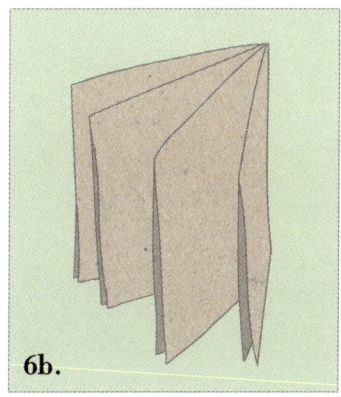

6b.

🌿 CONSEJO

Puedes utilizar cualquier tipo de papel, formato o textura. Si deseas hacer un libro con un formato grande elige un papel grueso para obtener buenos resultados.

TUTORIALES PRÁCTICOS 133

LIBRO EN ACORDEÓN
POR POOJA MAKHIJANI

ENCUADERNACIÓN PLEGADA

MATERIAL NECESARIO
- 2 hojas de papel de 21 x 56 cm cada una
- 1 hoja de papel de 20 x 5 cm para la bisagra
- 2 trozos de cartón de libros de 21,5 x 14,5 cm cada uno
- Tela de encuadernación con el reverso de papel. Corte para 2 hojas cuya superficie exceda en un margen de 2,5 cm a la de los cartones
- Una plegadera de hueso
- Una regla de acero
- Unas tijeras
- Cola PVA
- Una brocha de encolar

Hacer un libro plegado en acordeón (o en concertina) es un punto de partida excelente para iniciarse en el mundo de la encuadernación. Se necesitan únicamente materiales y herramientas básicos y el grado de complejidad se adapta a las exigencias personales.

1. Diluye en agua una pequeña cantidad de cola PVA y aplícala en el centro de la cara papel de la tela de encuadernación. Coloca el cartón centrado sobre la tela y presiona. Elimina las imperfecciones que pueda tener el cartón alisando con ayuda de la plegadera.

2. Corta en diagonal las cuatro esquinas de la tela de encuadernación tomando como guía el cartón.

3. Aplica cola en el borde, dobla hacia el interior y presiona contra el cartón. Alísalo y fíjalo al cartón con ayuda de la plegadera. Repite el proceso en los cuatro lados. Da unos toques empleando el lado liso de la plegadera para suavizar las puntas. Repite los pasos 1-3 en la otra cubierta.

4. Coge una de las hojas de papel y dóblala por la mitad; después dobla un borde hacia el primer pliegue. Alisa todos los pliegues con la plegadera. La mitad superior del papel deberá tener dos páginas y cada una de ellas deberá ser una cuarta parte de la anchura de la hoja inicial. Dale la vuelta a la hoja y repite el proceso. Repite los pasos en la otra hoja. Obtendrás dos acordeones de cuatro páginas cada uno.

5. Haz una 'bisagra' de papel de 5 cm para unir los dos acordeones. Adhiere las dos unidades a bisagra. Obtendrás un acordeón de ocho páginas.

6. Diluye en agua una pequeña cantidad de cola PVA. Con cuidado, adhiere la primera página del acordeón al centro del reverso de la cubierta y aplica presión. Elimina las imperfecciones con ayuda de la plegadera. Repite el proceso en la última página y la otra cubierta.

Arriba: Neil J. Salkind

1.

2.

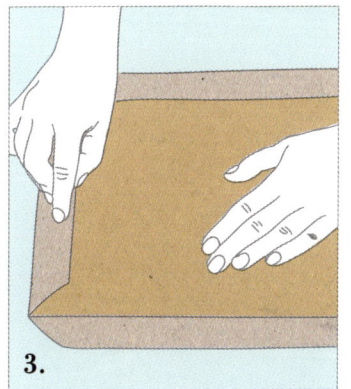

3.

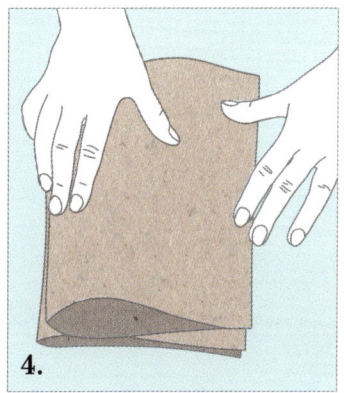

4.

5.

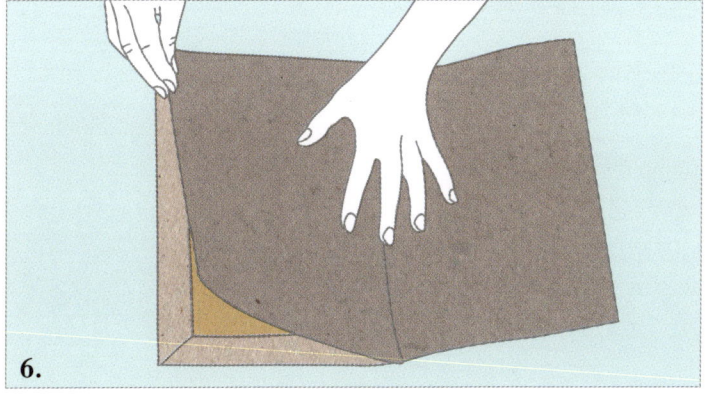

6.

🪡 CONSEJO

Aplica una cantidad moderada de cola ya que si utilizas demasiada el cartón podría empaparse y deformarse.

FLAG BOOK
POR ESTHER K. SMITH

La encuadernadora Hedi Kyle inventó este formato de libro, vistoso y de realización asequible, en la década de 1970. Desde entonces muchos artistas lo han empleado para mostrar fotografías, textos e incluso cuadros abstractos.

1. Dobla horizontalmente el pliego de 21,5 x 35,5 cm en octavos, formando un acordeón o concertina estrecho que tendrá ocho pliegues. Alisa con ayuda de la plegadera.

2. Gira el papel de manera que la estructura se asemeje a dos 'W'.

3. Adhiere tres "banderas" en el primer pliegue de la montaña en lados ("faldas") alternos de la misma. Deja un pequeño espacio entre las banderas.

4. Repite el paso 3 en el resto de los pliegues de las montañas. Alinea las banderas de cada pliegue de manera que encajen con el primer pliegue.

5. Adhiere los pliegues exteriores a las cubiertas.

6. Coloca un peso sobre el libro para que se asiente la cola.

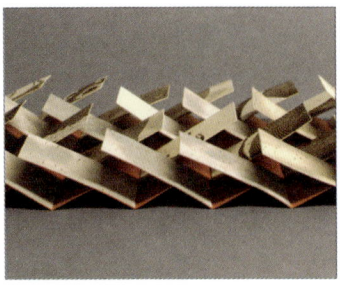

ENCUADERNACIÓN PLEGADA

MATERIAL NECESARIO
- Papel de 165 g de 21,5 x 35,5 cm
- 2 hojas de papel o cartón para cubiertas de 21,5 x 15 cm
- 9 'banderas' de papel de 5 x 10 cm, de 250 g aprox., o de una cartulina fina que se doble fácilmente
- Una plegadera de hueso
- Cola

Arriba: Kyle Holland

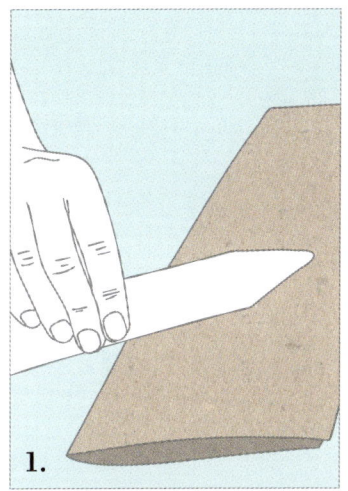
1.

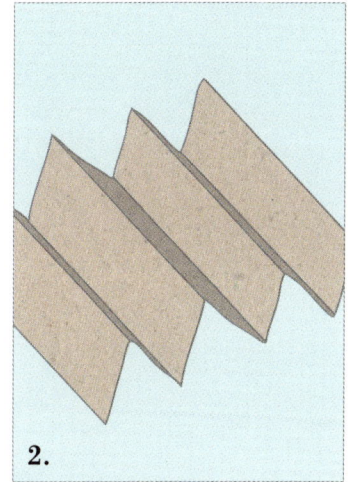
2.

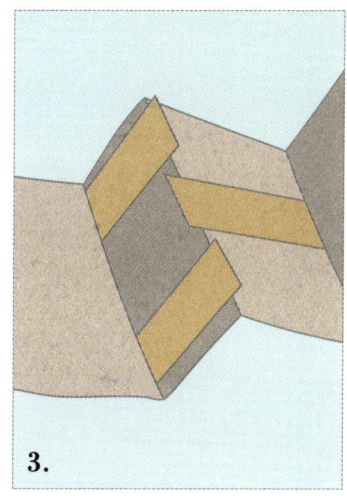
3.

4.

🖈 CONSEJO

En lugar de intercalar las banderas, pueden ir todas en la misma dirección. Siempre que al abrir el acordeón no interfieran las unas con las otras, pueden tener cualquier forma y también es posible utilizar distintas formas en el mismo libro.

LIBRO DRAGÓN

POR RICHARD KEGLER, DIANE BOND, KHRISTA TABAK Y TERRY WUDENBACHS, MIEMBROS DEL WESTERN NEW YORK BOOK ARTS CENTER

ENCUADERNACIÓN PLEGADA

MATERIAL NECESARIO
- 5 hojas de papel de 12,5 x 12,5 cm
- Cartón de 7 x 7 cm
- Papeles decorados a tu gusto
- Cola PVA

Arriba: WNYBAC; fotografía de Adam Sauerwein

La estructura de plegado conocida como "la serpiente" o "libro dragón" es más sencilla de lo que pueda parecer, y el tiempo empleado en su elaboración es relativamente corto.

1. Coge uno de los dos trozos de papel y dóblalo por la mitad. Después ábrelo, gíralo 90º y dóblalo otra vez por la mitad.

2. Gira el papel sobre la mesa de modo que el pico quede hacia ti. Coge una de las esquinas y llévala a la esquina contraria formando un triángulo.

3. Sujeta el papel, despliega el triángulo orientado hacia arriba y con los dedos pulgares haz presión en el centro del cuadrado. Empuja hacia el centro del papel. Notarás un ligero 'pum'.

4. Después de hacer estos pliegues el papel habrá quedado dividido en cuatro secciones: dos de ellas son planas y lisas y las otras dos tienen pliegues en la parte central. Coge las secciones con pliegues y júntalas de manera que las secciones lisas queden en la parte exterior. Con estos pasos se concluye el plegado. Repite los pasos 1-4 en las cuatro hojas restantes.

5. Una vez que hayas realizado los pliegues en todas las hojas, encaja las páginas y únelas con cola. Para hacerlo, primero debes disponer las páginas de manera que se alternen una abierta hacia arriba y otra abierta hacia abajo.

6. Las páginas se deslizarán una dentro de otra y están listas para ser pegadas.

7. Una vez que todas las páginas están unidas forman un cuadrado compacto. Adhiere los cartones a ambos extremos del mismo para montar las cubiertas y rematar el libro.

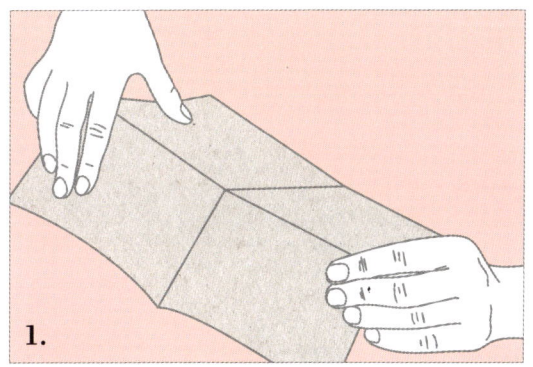

1.

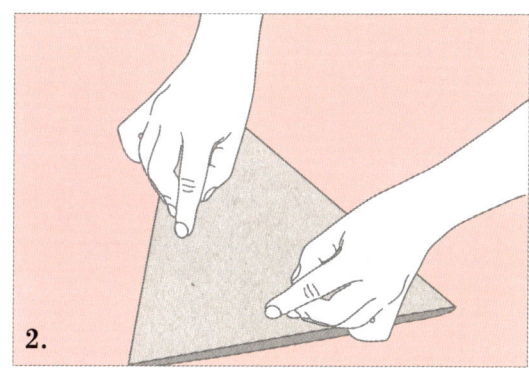

2.

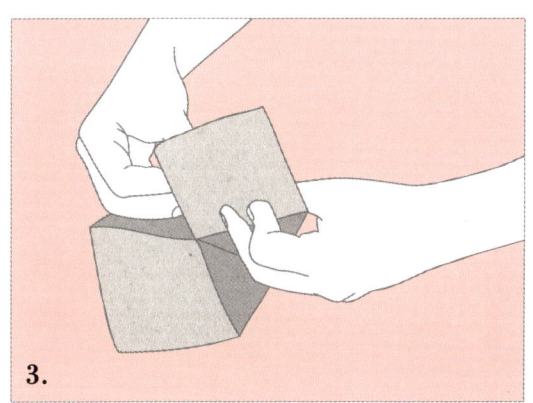

3.

5.

6.

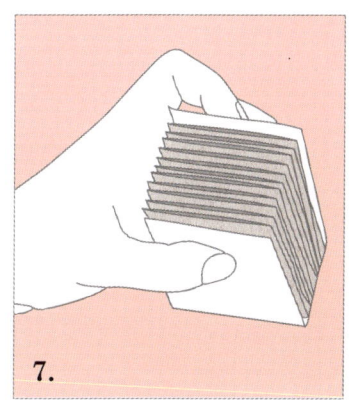

7.

📌 CONSEJO

Si vas a imprimir las páginas, haz pruebas para garantizar que los pliegues no afecten a la lectura y coherencia del texto. Recuerda que una parte de cada página queda cubierta por la siguiente página en el lugar por donde ambas se unen.

LIBRO CARRUSEL
POR CASSANDRA FERNANDEZ

La encuadernación en carrusel es una variante compleja del plegado en acordeón. Con este método se consiguen estructuras que se pueden mirar tanto como un libro tradicional como circularmente.

1. Corta tres tiras de papel con las siguientes medidas: 10 x 72 cm, 10 x 80 cm y 10 x 87,5 cm.

2. Con un lápiz, mide 13 mm en la primera tira y márcalo como margen. A partir de ahí, cada 7 cm (o diez marcas) y después 13 mm de nuevo para el margen. En la segunda tira, marca el margen en 13 mm, a partir de ahí cada 7,5 cm (o diez marcas), y después 13 mm para el margen. En la tercera tira marca un margen de 2,5 cm, apartir de ahí cada 8,5 cm (o diez marcas), y después un margen de 2,5 cm. A continuación, con la plegadera marca líneas rectas para los pliegues. Repite este proceso en cada tira de papel.

3. Estampa la imagen que desees en la primera tira, déjala secar y después dobla el papel siguiendo las marcas para hacer la primera tira en acordeón. Haz lo mismo con las otras tiras.

4. Para hacer las bisagras adhiere cinta de doble cara al papel pergamino. Corta ocho tiras de 5 cm x 13 mm (longitud x anchura). Dóblalo a lo ancho por la mitad.

5-6. Cada acordeón se compone de cuatro pliegues hacia fuera y cinco hacia dentro (sin contar los márgenes). Adhiere cada "mitad" de las bisagras al centro del borde posterior de cada pliegue hacia fuera de la primera tira. A continuación adhiere la segunda tira, acoplándola a la primera usando la otra mitad de la bisagra. Las dos tiras de papel deberán estar unidas mediante las bisagras. Haz lo mismo con la segunda y la tercera tiras de papel y las cuatro bisagras restantes para formar el acordeón con las tres tiras.

7. Corta dos trozos de madera o cartulina de 9 x 10,5 cm para las cubiertas. Localiza el punto medio de la cara interior de cada cubierta y corta una línea perpendicular de unos 13 mm de largo y de la misma anchura que el cordel del cierre del libro. Haz una pequeña muesca con el cuchillo X-Acto para embutir la cuerda en la cubierta. Adhiere con un poco de cola el cordel y déjalo secar. Haz lo mismo en la otra cubierta.

ENCUADERNACIÓN PLEGADA

MATERIAL NECESARIO
- Papel de 57 x 89 cm
- Madera ligera o cartulina gruesa (2 mm) para cubiertas
- Una regla de metal
- Cola libre de ácido
- Un cuchillo X-Acto o un bisturí
- Una plegadera de hueso
- Cinta de doble cara libre de ácido
- Una plancha de corte
- Cordel para el cierre del libro
- Papel pergamino para las bisagras
- Papel de colores

Arriba: Cassandra Fernandez

3.

6.

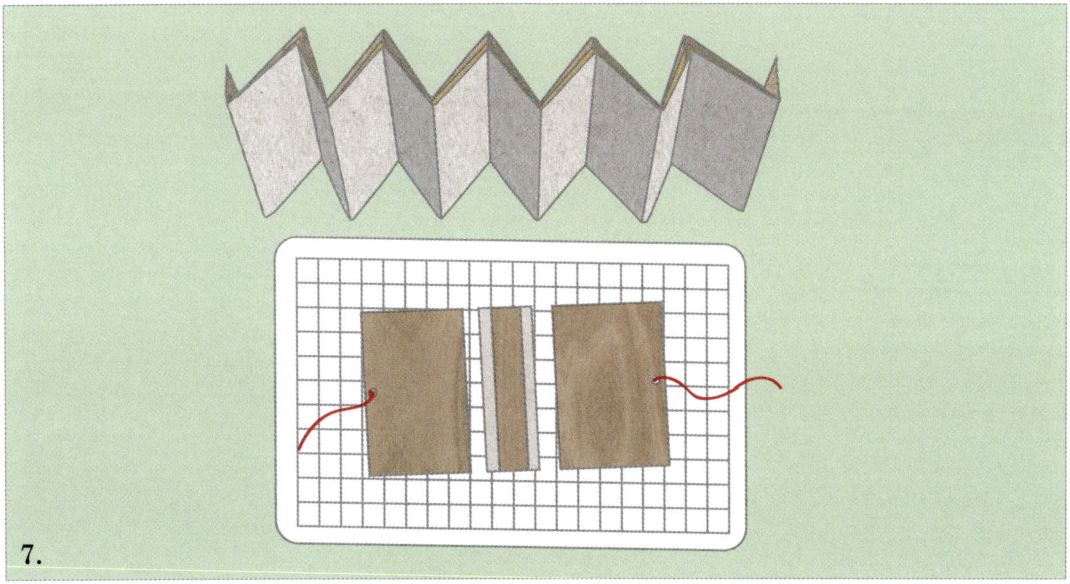

7.

TUTORIALES PRÁCTICOS

8. Para el lomo utiliza madera o cartulina (1,5 cm x 10,5 cm) y corta un trozo de papel de 7,5 x 10,5 cm que servirá como bisagra exterior para mantener unidos el lomo y las cubiertas. Coloca el lomo centrado sobre el papel y pégalo. Deja un margen de 6 mm a cada lado del lomo y adhiere las cubiertas al papel. Asegúrate de que los cordeles están colocados hacia dentro.

9. Para forrar el interior de las cubiertas y el lomo corta tres trozos de papel del color que prefieras –o simplemente de papel blanco– que sean de la misma medida. Adhiere el papel a la madera o cartulina y déjalo secar.

10. Volvemos a los acordeones. Los márgenes de los bordes de cada tira se adhieren a los márgenes de la segunda, y los márgenes de la tercera tira actúan como junta de adhesión entre el libro y las cubiertas.

11. Para que el libro se mantenga erguido cuando esté abierto como un carrusel es necesario colocar dos bisagras interiores de papel de aproximadamente 7,5 x 2 cm. Las bisagras deben ir dobladas por la mitad y disponer de un lomo de 4 mm.

12. Coloca el libro en el interior de las cubiertas y adhiere el margen izquierdo a la cubierta anterior. Después adhiere las bisagras interiores de papel realizadas en el paso 11. Adhiere la mitad de una bisagra al interior del borde externo de la cubierta anterior. Adhiere la otra mitad a la cara interna del segundo pliegue del libro. Sigue cerrando el libro y adhiere una mitad de la segunda bisagra a la cara interna del cuarto pliegue del libro y la otra mitad al interior del borde externo de la cubierta posterior. Por último, pega el margen izquierdo a la cubierta posterior.

13. Cierra el libro y pon sobre él unos pesos durante unas horas.

14. El libro ya está terminado. Para abrirlo hay que tirar de los cordeles tensándolos.

9.

14.

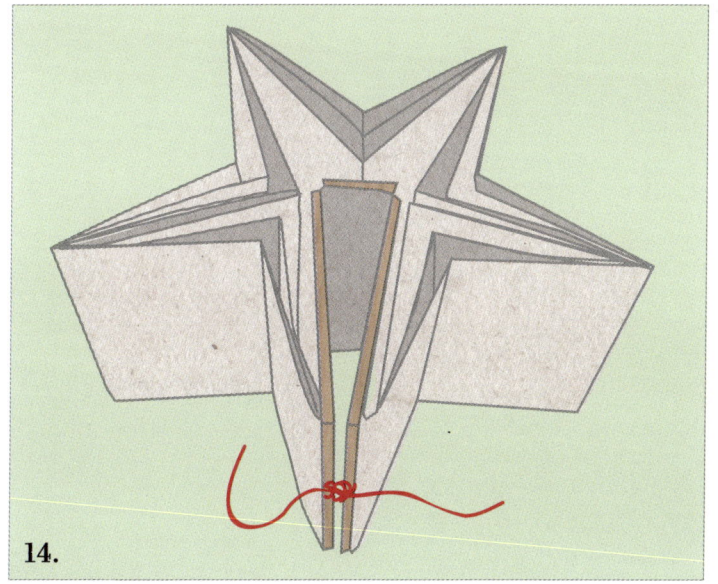

🔖 CONSEJO

Siempre es buena idea hacer una maqueta del libro antes de comenzar a trabajar en el definitivo, así puedes ir apuntando las correcciones sobre la marcha.

LIBRO CON MENSAJE SECRETO

POR LEAH BUCKAREFF

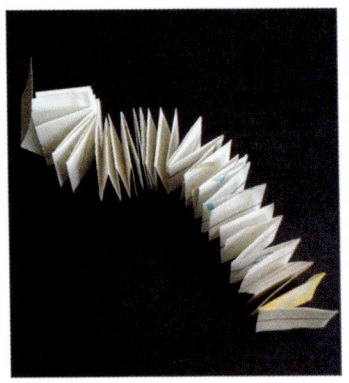

ENCUADERNACIÓN PLEGADA

MATERIAL NECESARIO
- Papel de 21,5 x 28 cm
- Una barra de pegamento
- Unas tijeras
- Una plegadera de hueso
- Papel para cubiertas

Este libro con mensaje secreto es otra variante del plegado en acordeón. Con ella se consigue un libro compacto.

1. Escribe e ilustra un mensaje en una cara de una hoja de papel –con un trozo de 21,5 x 28 cm quedará perfecto– y, si lo deseas, decora el reverso con algún diseño o ilustración.

2. Dobla el papel por la mitad al menos tres veces –haz los pliegues necesarios hasta que consigas el tamaño que quieras para las páginas del libro–. Cuantos más pliegues hagas, más páginas obtendrás.

3. Cuando tengas el tamaño de página deseado, desdobla el papel de manera que la cara que no lleva el mensaje quede hacia arriba. Comenzando justo debajo de la página/pliegue situada en la parte superior derecha, corta el papel siguiendo las marcas de plegado, en espiral, siguiendo todo el trazado hasta llegar a la mitad. ¡Ten cuidado de no recortar la última página!

4. Junta las páginas al estilo acordeón.

5. Para hacer la cubierta, mide la longitud y la anchura de las páginas y después el "lomo", es decir, el grosor de la pilita de páginas. A continuación, dibuja sobre el papel de la cubierta un rectángulo con las siguientes medidas: altura = altura de las páginas; anchura = anchura de las páginas x 2 + anchura del lomo. Recorta la pieza.

6. Coloca el papel de la cubierta delante de ti con el interior hacia arriba. Haz una pequeña marca con la plegadera en las partes superior e inferior de la cubierta (donde empieza y termina el lomo). Para ello, mide la anchura de las páginas desde el borde derecho al izquierdo. Marca en el papel dónde irán los bordes del lomo y dobla las cubiertas hacia dentro.

7. Aplica una pequeña cantidad de pegamento de barra –la cola blanca es demasiado humectante– a la cara sin mensaje de la primera página y pégala a la cubierta posterior. Junta las páginas dentro de las cubiertas, ¡y ya tienes un libro!

Arriba: Leah Buckareff

2.

3.

7.

📌 CONSEJO

El uso de la plegadera de hueso te garantiza que al abrir y cerrar las páginas los pliegues permanezcan limpios, agudos y definidos.

COSIDO A CABALLETE

POR POOJA MAKHIJANI

ENCUADERNACIÓN COSIDA

MATERIAL NECESARIO
- 5 pliegos de papel liso de 21,5 x 28 cm
- 1 pliego de papel para cubiertas de 21,5 x 28 cm
- Una plegadera de hueso
- Una regla de acero
- Un lápiz
- Un punzón de encuadernador
- Unas tijeras
- Una aguja de encuadernar (6 cm x calibre 19, con la punta roma)
- Hilo de lino francés

Arriba: Molly Lewis y Michelle Johnson; fotografía de Matt Fuhr

El método más sencillo para encuadernar un folleto es el cosido a caballete. En este tipo de cosido existen tres variantes básicas: con tres, cuatro o cinco orificios. En este tutorial utilizamos el cosido con cinco orificios.

1. Con ayuda de la plegadera dobla por la mitad cada una de las hojas de papel para crear cinco folios. Después dobla también la cubierta por la mitad.

2. Embucha las hojas para formar un cuadernillo y colócalo dentro de las cubiertas. Después, con la regla y el lápiz marca cinco orificios de la siguiente manera: el orificio 3, en el centro exacto del lomo; los orificios 2 y 4, en puntos equidistantes del centro (a 2,5 cm del orificio 3); los orificios 1 y 5 son equidistantes de los orificios 2 y 4 (a 2,5 cm de los orificios 2 y 4, respectivamente).

3. Haz los orificios con el punzón.

4. Enhebra la aguja pero no ates un nudo al final del hilo. Sigue la guía de cosido.

5. Comienza en el interior del orificio 3. Pasa la aguja por el orificio 3. Pasa al otro lado todo el hilo menos 5 cm. Pasa por el orificio 4 hacia el interior. Luego pasa por el orificio 5 hacia el exterior. Pasa por el orificio 4 hacia el interior. Pasa por el orificio 2 hacia el exterior. Pasa por el orificio 1 hacia el interior. Pasa por el orificio 2 hacia el exterior. Pasa por el orificio 3 hacia el interior.

6. Para asegurar el cosido, haz un nudo en el centro alrededor de la puntada larga, por encima del orificio 3, y corta el hilo que sobre.

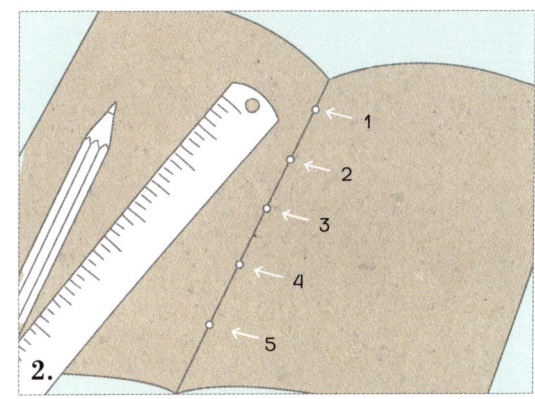

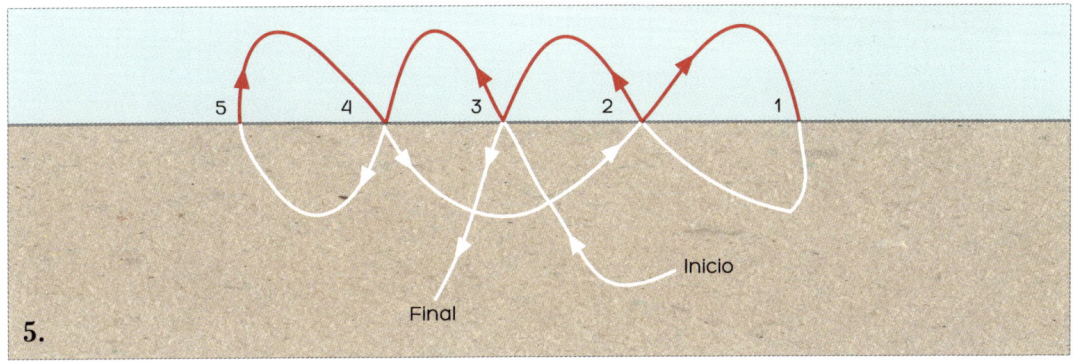

Inicio

Final

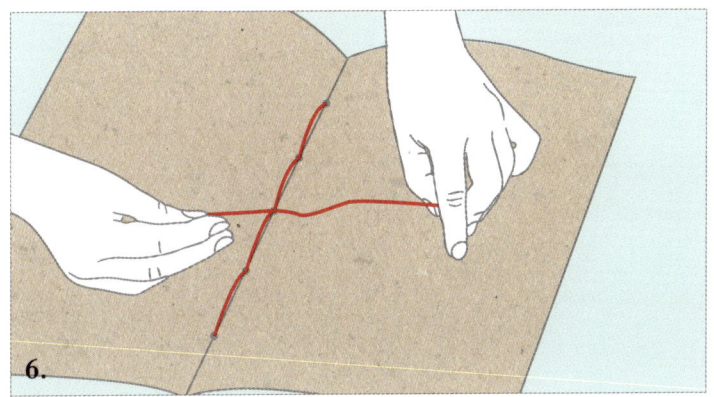

🔖 CONSEJO

Con esta técnica la tripa y las cubiertas se cosen a la vez. Antes de empezar a perforar los orificios, asegúrate de colocar debidamente las cubiertas y los cuadernillos (con los bordes exteriores casados).

TUTORIALES PRÁCTICOS   147

PUNTADA LARGA
POR ANNA SOKOLOVSKAYA

Aunque pueda parecer complicado, dominar el cosido de puntada larga es relativamente sencillo. Este cosido permite que el libro quede plano al abrirlo y aporta un toque decorativo al lomo.

ENCUADERNACIÓN COSIDA

MATERIAL NECESARIO
- 9 pliegos de papel (del mismo tipo, combinados, estampados)
- Papel para cubiertas
- Una plancha de corte
- Una regla
- Un cuchillo X-Acto (o unas tijeras)
- Un lápiz o bolígrafo
- Un punzón
- Una aguja
- Hilo

1. En este tutorial utilizaremos cuadernillos de tres hojas, por lo tanto has de doblar cada uno de los nueve pliegos por la mitad y después embucharlos en grupos de tres. Corta con cuidado los cuadernillos de manera que cada uno mida 11 x 13,5 cm. Marca y perfora los cuadernillos. Hay que dividir la altura del cuadernillo en cinco secciones. Se pueden hacer secciones de la misma medida o, como en el caso de este tutorial, hacer las secciones superior e inferior más grandes (o más pequeñas). Las tres secciones del medio miden 2,5 cm cada una, y las secciones superior e inferior, 3 cm cada una. Cuando las tengas marcadas, perfora con el punzón.

2. La altura de la cubierta debe ser igual a la de los cuadernillos (en este caso, 13,5 cm). La anchura de la cubierta será igual al doble de la de los cuadernillos (en este caso, 11 cm) más el ancho de los cuadernillos una vez estén agrupados (el ancho del lomo). Para medir el ancho, aprieta ligeramente el lomo que forma el grupo de cuadernillos. Corta el papel de acuerdo a esa medida. Puedes añadir unos 3 mm a la altura y a la anchura para que la tripa del libro se asiente mejor en la cubierta. Por último, hay que doblar la cubierta y hacer unas ranuras horizontales en el lomo. Usa un cuadernillo como guía para marcar el interior del lomo. Haz cortes horizontales alineados con los orificios perforados previamente con el punzón en los cuadernillos. Ten cuidado de no atravesar los pliegues que funcionan como bisagra.

3. Comienza por el primer cuadernillo. Pasa el hilo por el primer orificio (desde el interior) y por la primera ranura de la cubierta, dejando un cabo de hilo en el interior del cuadernillo, que usarás para ajustar las puntadas. Enrolla el hilo alrededor del extremo de la tripa y la cubierta, cerca del pliegue bisagra. Introduce el hilo y ata dos nudos. Después

Arriba: Rima Bueno

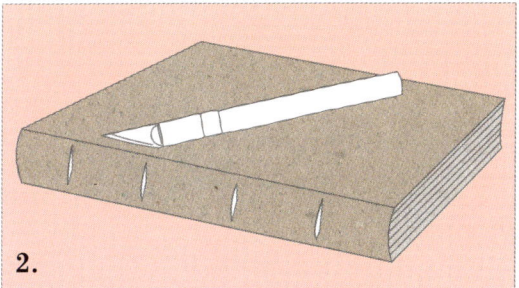

2.

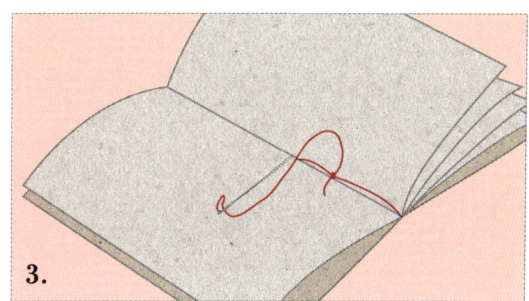

3.

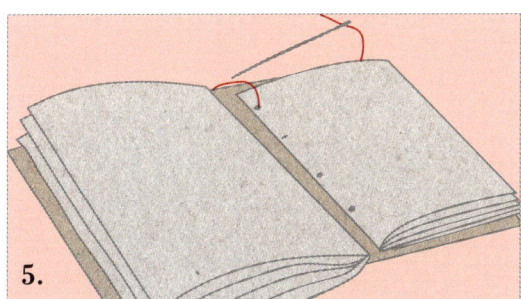

5.

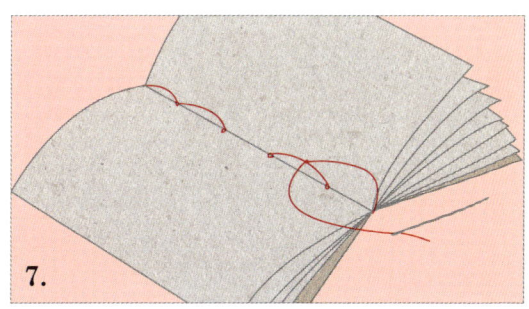

7.

pasa el hilo por el segundo orificio y por la cubierta.

4. Seguidamente pásalo desde el exterior por la cubierta y el tercer orificio y después de dentro hacia fuera por el cuarto orificio y la cubierta, para después enrollar el hilo alrededor del extremo del cuadernillo y la cubierta.

5. Incorpora el segundo cuadernillo y pasa el hilo por el cuarto orificio de este, pero no por la cubierta. Enrolla el hilo alrededor del extremo de la tripa, a través de la ranura de la cubierta y por el último –el cuarto– orificio.

6. Seguidamente pasa el hilo (desde el interior) por el tercer orificio y por la ranura de la cubierta; después, desde el exterior, por la segunda ranura de la cubierta y por el orificio. Después pasa el hilo de dentro hacia fuera por el primer orificio y por la ranura de la cubierta. Enrolla el hilo alrededor del extremo del cuadernillo.

7. Incorpora el tercer cuadernillo e inserta la aguja por el primer orificio de este. No pases por la cubierta. Del mismo modo que con los cuadernillos primero y segundo, pasa el hilo por dentro y por fuera; por el segundo orificio y por la ranura desde el interior; desde el exterior, por la tercera ranura y por el tercer orificio; después por el cuarto orificio y la cuarta ranura; y después alrededor del extremo de la tripa. Una vez que el hilo queda en el interior, ajusta todas las puntadas, ata el hilo, ¡y listo!

 CONSEJO

Asegúrate de pasar todo el hilo en cada puntada para que estas queden firmes y seguras, sin embargo, hazlo con mucho cuidado para que no queden demasiado tensas.

TUTORIALES PRÁCTICOS

COSIDO JAPONÉS
POR POOJA MAKHIJANI

Existen cuatro variantes básicas del cosido japonés: el Kikko Toji (encuadernación concha de tortuga); el Asa-No-Ha Toji (encuadernación de hoja de cáñamo); el Koki Toji (encuadernación noble) y el Yotsume Toji (encuadernación cuatro ojos). El que presentamos aquí es el más común: el Yotsume Toji.

ENCUADERNACIÓN COSIDA

MATERIAL NECESARIO
- 5 hojas de papel liso de 12,5 x 18 cm
- 2 hojas de papel decorado para cubiertas de 12,5 x 18 cm
- Una regla de acero
- Un lápiz
- Un punzón de encuadernador
- Un tornillo de banco
- Unas tijeras
- Una aguja de encuadernar (6 cm x calibre 19, con la punta roma)
- Hilo de algodón francés

1. Con ayuda de una regla y un lápiz marca cuatro orificios de cosido en el reverso de la cubierta. Deberán estar situados a una distancia mínima de 3 mm del borde del lomo. El orificio 1 deberá estar al menos a 13 mm del pie, mientras que el orificio 4 deberá estar a una distancia mínima de 13 mm de la cabeza. Los orificios 2 y 3 deben estar equidistantes entre sí.

2. Junta las cubiertas y las páginas del libro y sujétalas con un tornillo de banco para asegurar que no se mueven –las cubiertas siguen estando por el reverso–. Después perfora los orificios de cosido con el punzón de encuadernador.

3. Dale la vuelta a la cubierta de manera que el anverso mire hacia fuera, enhebra la aguja, ata un nudo en el extremo y comienza a encuadernar por el orificio 2 (entrando por detrás). Tira del hilo hasta que quede ajustado. Sigue la guía de cosido.

4. Pasa la aguja alrededor del lomo e insértala de nuevo por el orificio 2. Después pasa por el orificio 1 (entrando por delante), pasa la aguja alrededor del lomo y vuelve por el orificio 1.

5. Pasa la aguja alrededor de la cabeza, por la cubierta anterior y por el orificio 1 (por delante). Pasa por el orificio 2 (por detrás), pasa por el orificio 3 (por delante) y por el 4 (por detrás). Pasa alrededor del lomo y vuelve por el orificio 4.

6. Pasa por el pie hacia la cubierta anterior y por el orificio 4 (por delante). Pasa por el orificio 3 (por detrás), pasa alrededor del lomo y vuelve por el orificio 3 (por detrás). Pasa por el orificio 2 y ata un nudo cuadrado.

Arriba: Eileen Pandolfo

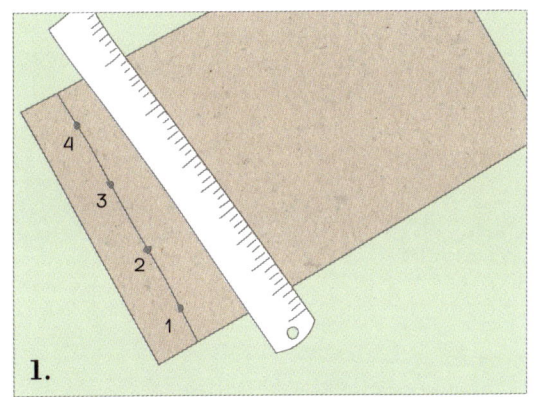
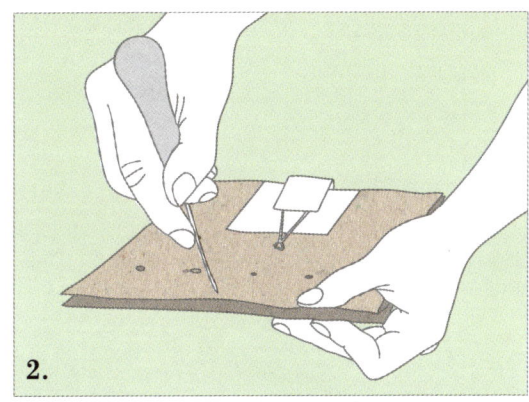
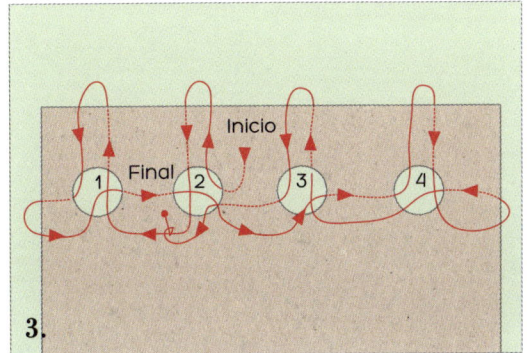
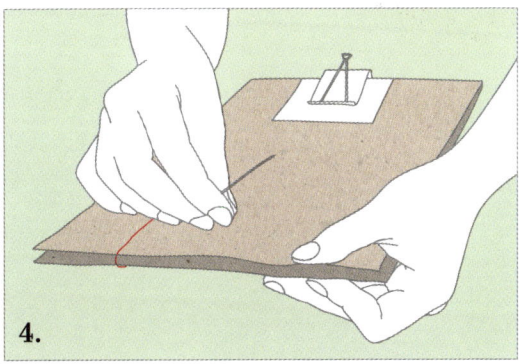
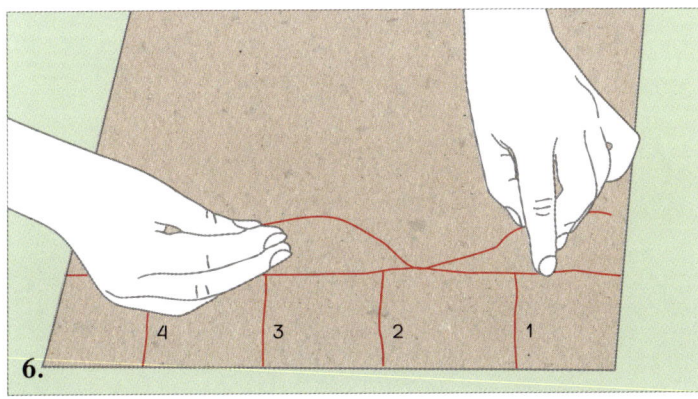

🔖 CONSEJO

Como la tripa de este tipo de libros está formada por una simple pila de páginas –y no un determinado número de cuadernillos– se pueden usar papeles de gramajes, texturas y colores variados. Simplemente, asegúrate de cortarlos todos a la misma medida.

TUTORIALES PRÁCTICOS 151

COSIDO COPTO

POR ANNA SOKOLOVSKAYA

El cosido copto es bonito y decora el lomo del libro. Asimismo, permite que quede plano cuando está abierto.

ENCUADERNACIÓN COSIDA

MATERIAL NECESARIO
- 15 pliegos de cualquier tipo de papel
- Papel para cubiertas (liso o decorado)
- Cartón para cubiertas
- Una plancha de corte
- Una regla
- Un cuchillo X-Acto (o unas tijeras)
- Un lápiz o un bolígrafo
- Un punzón de encuadernador
- Una aguja
- Hilo
- Cola PVA

1. En este libro vamos a usar cinco cuadernillos de tres hojas, así que tienes que doblar cada uno de tus 15 pliegos de papel por la mitad y después embucharlos en grupos de tres. Este tipo de libro admite las medidas que desees, pero para este tutorial corta los cuadernillos de manera que cada uno mida 11 x 14 cm. Después marca y perfora los cuadernillos. El libro tendrá cuatro columnas de cosido a lo largo del lomo equidistantes entre sí. Esto último es opcional: no tienen por qué ser cuatro y no tienen por qué ser equidistantes. Sin embargo, sí debes asegurarte de que los hendidos y las perforaciones de cada cuadernillo se corresponden con los del resto; en caso contrario el cuaderno te quedará torcido.

2. Seguidamente hay que preparar el cartón de las tapas. Primero corta dos trozos de cartón del mismo tamaño que los cuadernillos. Después adhiere papel –cuya superficie será de mayor tamaño– a la cara anterior de los cartones, corta las esquinas y después dóblalas cuidadosamente a la cara interior del cartón. De nuevo, utilizando el punzón, marca y perfora los cartones con cuidado haciendo orificios alineados con los cuadernillos previamente perforados. En este tutorial hemos dejado una distancia de 13 mm al borde del cartón. Es una distancia orientativa; puedes dejar un espacio mayor o menor.

3. Comenzamos el cosido con el primer cuadernillo. Pasa el hilo por el primer orificio (desde el interior) dejando un cabo de hilo en el interior del cuadernillo (lo utilizarás para tensar y ajustar las puntadas). Después pasa el hilo por el primer orificio del cartón (desde el exterior); la aguja debe aparecer entre el cartón y el cuadernillo.

4. Antes de tensar la puntada, pasa la aguja por el bucle. Inserta la aguja de nuevo por el primer orificio del primer cuadernillo.

5. Tensa la puntada y une con un nudo el cabo y el hilo.

Arriba: Gina Nagi

3.

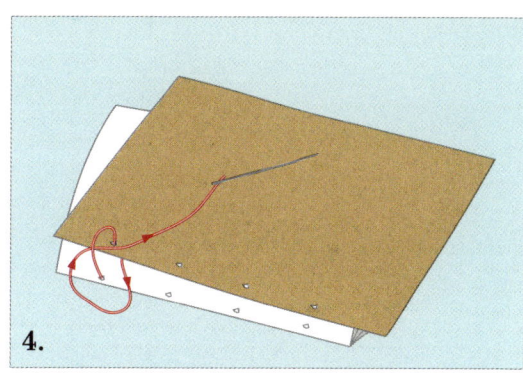

4.

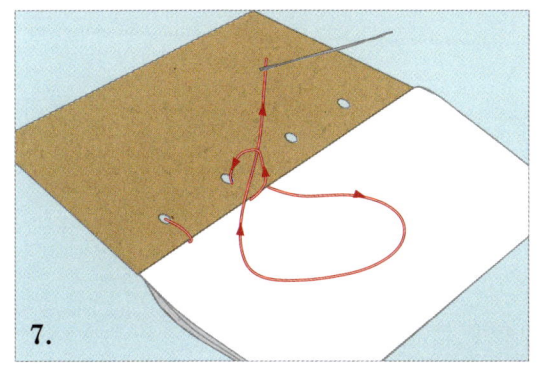

7.

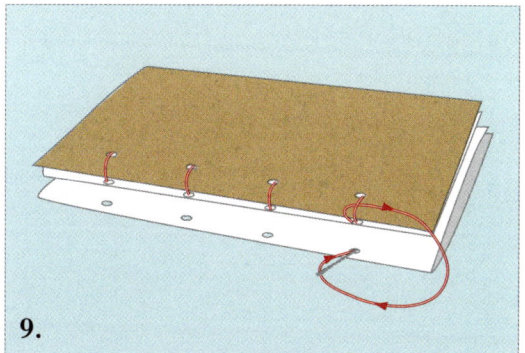

9.

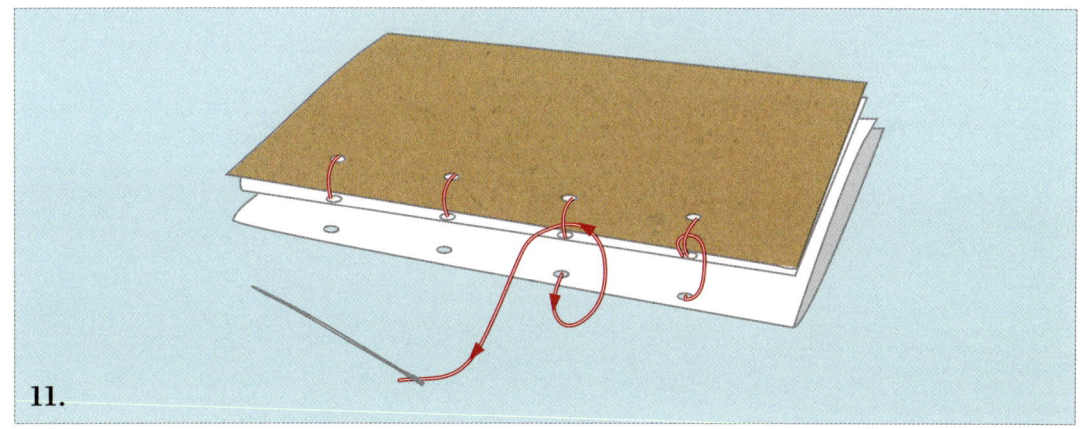

11.

TUTORIALES PRÁCTICOS 153

6. Inserta la aguja por el segundo orificio del primer cuadernillo.

7. Pasa el hilo por el segundo orificio del cartón (desde el exterior); la aguja debe aparecer entre el cartón y el cuadernillo. Después, pasa la aguja por el bucle.

8. Continúa el proceso de la misma manera hasta que llegues al último orificio del cartón.

9. Coge el segundo cuadernillo y, tras enrollar el hilo alrededor del cartón y de sí mismo, insértalo por el último orificio del segundo cuadernillo.

10. Inserta la aguja (desde dentro) por el segundo y hasta el último orificio del segundo cuadernillo.

11. En la parte exterior, pasa el hilo de derecha a izquierda por debajo del cosido uniendo el primer cuadernillo al cartón.

12. Inserta la aguja de nuevo por el segundo y hasta el último orificio del segundo cuadernillo. Repite los pasos 10 y 11, pasando (desde dentro) por el tercer orificio, luego pasando de derecha a izquierda por debajo de la puntada existente, y de nuevo por el tercer orificio.

13. Continúa el proceso hasta que alcances el último orificio. Tras pasar el hilo de derecha a izquierda por debajo de la puntada, coge el tercer cuadernillo e inserta el hilo por el primer orificio del tercer cuadernillo.

14. Pasa el hilo, a través del interior, por el segundo orificio del cuadernillo. En la parte exterior, pasa el hilo de izquierda a derecha por debajo de la puntada. Continúa cosiendo juntos los cuadernillos. Irás transitando del primer orificio al último de arriba abajo para los cuadernillos impares y de abajo arriba para los pares. Cuando estés yendo de arriba abajo el hilo pasa de derecha a izquierda por debajo de la puntada existente.

15. Ahora estás listo para incorporar el último cuadernillo y el cartón. Esta es la parte más complicada de esta encuadernación. Cuando hayas terminado el último punto del cuarto cuadernillo (en lo que respecta a este tutorial), tendrás que incorporar tanto el cartón como el quinto cuadernillo. En lugar de pasar por el primer orificio del último cuadernillo, inserta la aguja (desde el exterior) por el primer orificio del cartón. La aguja deberá aparecer entre el cartón y el cuadernillo. Pasa por debajo de la puntada existente, de izquierda a derecha, e inserta la aguja por el primer orificio del cuadernillo.

16. Pasa el hilo a través del interior por el segundo orificio. Pásalo por debajo de la puntada entre los cuadernillos cuarto y tercero, de izquierda a derecha; después enróllalo alrededor del cartón. Antes de insertar la aguja de nuevo por el segundo orificio del cuadernillo, pásala a través del bucle sobre el cartón.

17. Repite el paso 16 hasta llegar al último orificio, pasando el hilo desde el interior al tercer orificio. Pásalo por debajo de la puntada, de izquierda a derecha; después enróllalo alrededor de la puntada del cartón y de nuevo por el tercer orificio. Y así, sucesivamente.

18. Tras la última puntada el hilo termina en el interior del último cuadernillo. Da la vuelta a la aguja por debajo del hilo de encuadernación, ajusta el nudo y corta el hilo.

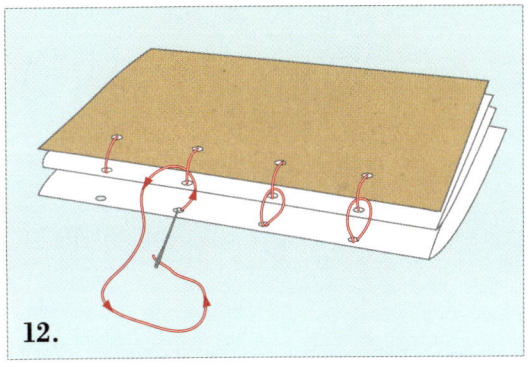

12.

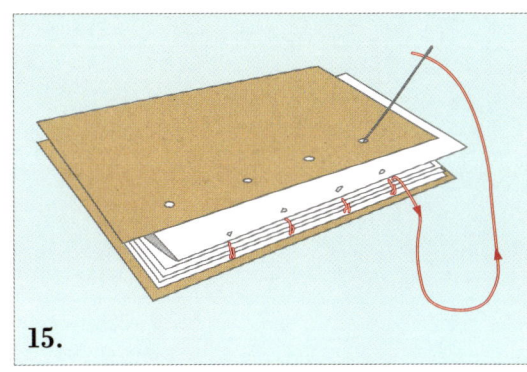

15.

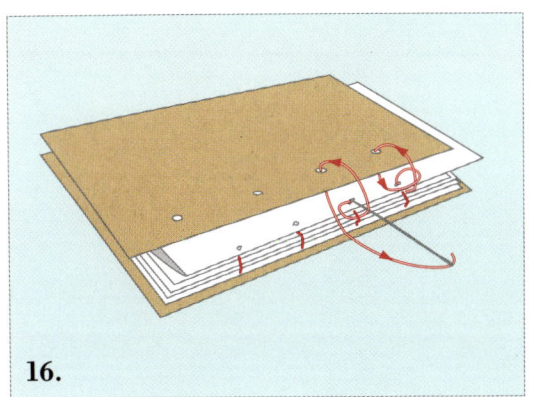

16.

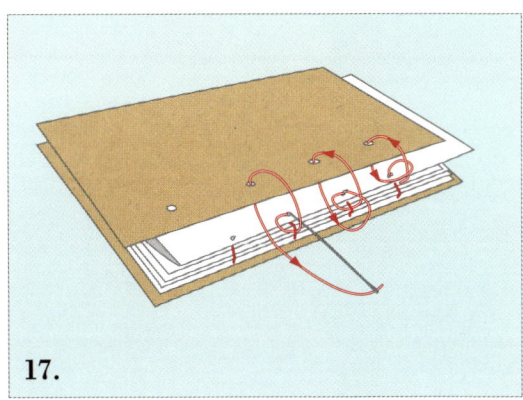

17.

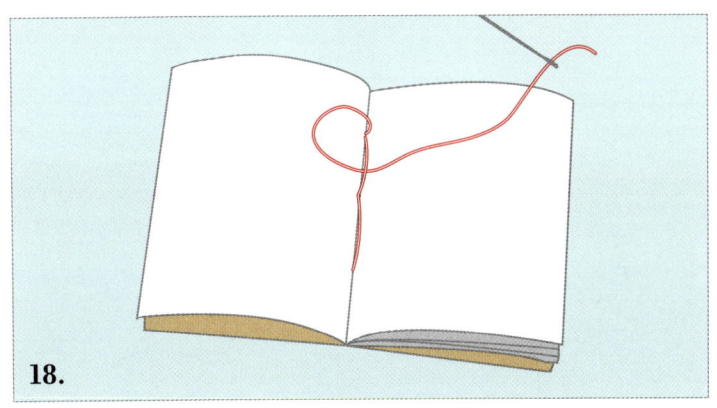

18.

📌 CONSEJO

Puede que una aguja curva de tapicero te resulte más cómoda que una recta. Asegúrate de que vas tensando el hilo conforme vas cosiendo.

COSTURA FRANCESA
POR BECCA HIRSBRUNNER

La costura francesa es un tipo de cosido que deja el lomo a la vista. Aunque este método no incorpora cubiertas, una vez que se han cosido los cuadernillos se adhieren las tapas a la primera y última páginas.

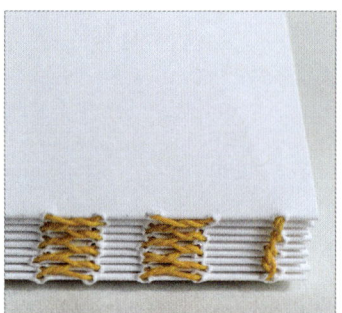

ENCUADERNACIÓN COSIDA

MATERIAL NECESARIO
- 9 cuadernillos (27 pliegos de papel)
- Una plancha de corte
- Una regla
- Un cuchillo X-Acto (o unas tijeras)
- Un lápiz o bolígrafo
- Un punzón
- Una aguja
- Hilo

1. Prepara los cuadernillos. Esta encuadernación queda mejor con un número impar. El número mínimo de cuadernillos es tres, y a partir de ahí puedes añadir tantos como quieras. En este tutorial vamos a usar cuadernillos de tres hojas, así que tienes que doblar por la mitad cada uno de los 27 pliegos de papel y después embucharlos en grupos de tres. Este sistema de encuadernación sirve para todo tipo de dimensiones u orientaciones. A modo de guía, corta los cuadernillos utilizando una de las siguientes medidas: 12,5 x 18 cm, 10 x 15 cm o 20,5 x 25,5 cm.

2. Mide, marca y con el punzón perfora los orificios de cosido en cada uno de los cuadernillos. Para hacerlo, abre el cuadernillo y marca un orificio de comienzo, seguidamente cuatro grupos de dos orificios y luego el último orificio. Los orificios deben estar al menos a 6 mm del borde y entre ellos debe existir al menos esa misma separación. Si los colocas más cerca, cuando estés cosiendo los agujeros se desgarrarán.

3. Para coser el primer cuadernillo enhebra la aguja, entra por el orificio 1 dejando un cabo de hilo colgando fuera del cuadernillo. Sal por el 2, entra por el 3, sal por el 4, entra por el 5, sal por el 6, entra por el 7, sal por el 8, entra por el 9 y sal por el 10.

4. Fija el segundo cuadernillo. Entra por el orificio 10 del segundo cuadernillo, sal por el 9, luego pasa la aguja por debajo de la puntada de los orificios 8 y 9 del primer cuadernillo (con la aguja hacia abajo). Entra por el 8, sal por el 7 y pasa la aguja por debajo de la puntada entre el 6 y el 7 del primer cuadernillo (con la aguja hacia abajo). Entra por el 6, sal por el 5, pasa la aguja por debajo de la puntada entre los orificios 4 y 5 del primer cuadernillo (con la aguja hacia abajo). Entra por el 4,

Arriba: Becca Hirsbrunner

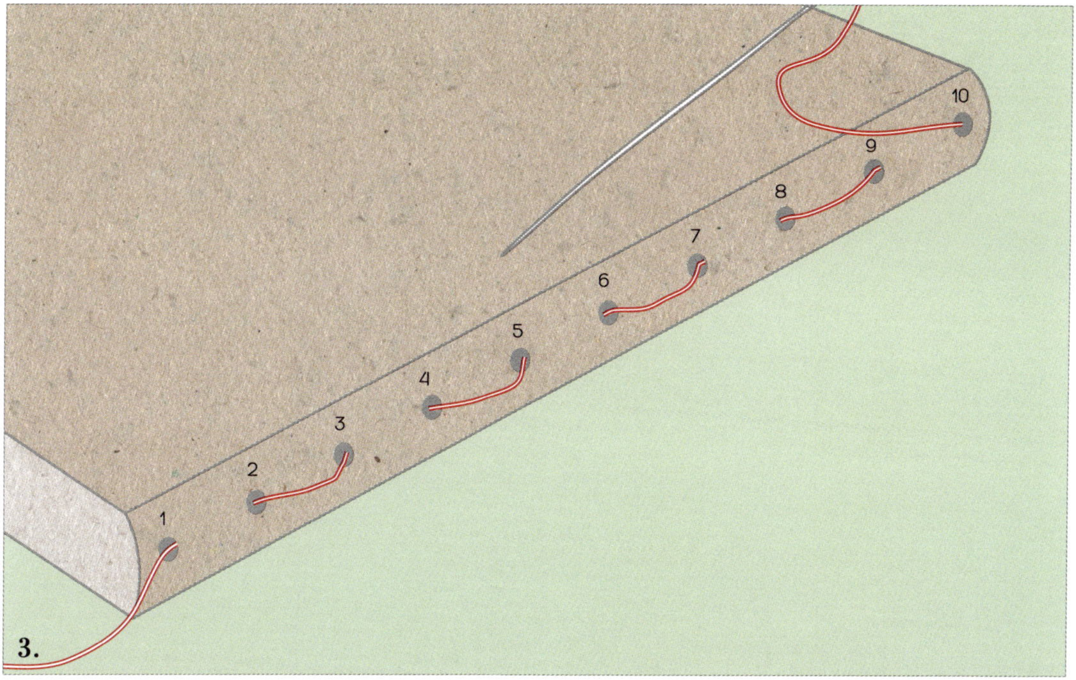

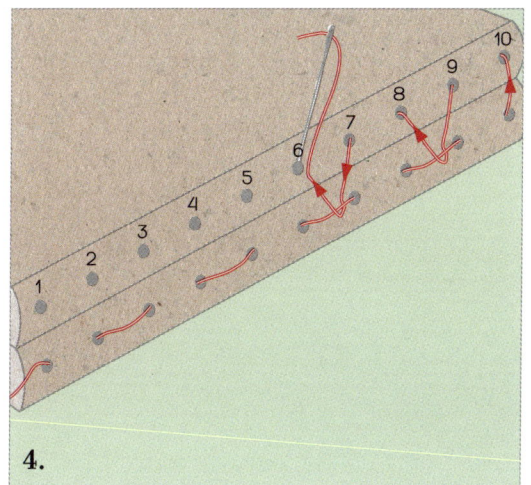
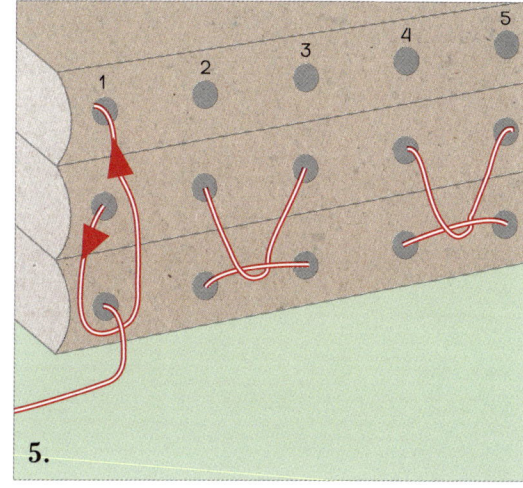

TUTORIALES PRÁCTICOS

sal por el 3, pasa la aguja por debajo de la puntada entre los orificios 2 y 3 del primer cuadernillo (con la aguja hacia abajo). Entra por el 2, sal por el 1.

5. Antes de continuar vamos a ocuparnos del cabo suelto que tenemos en el primer cuadernillo. Enrolla el hilo del segundo cuadernillo (orificio 1), pásalo rodeando el cabo suelto del primer cuadernillo –en sentido contrario a las manecillas del reloj– y entra por el orificio 1 del cuadernillo tres. Desenhebra la aguja y enhébrala con el cabo suelto (primer cuadernillo, orificio 1). Entra por el orificio 1 y ata el hilo en el interior. Enhebra de nuevo la aguja con el hilo con el que estábamos trabajando.

6. Fija el tercer cuadernillo. Sal por el orificio 2, con la aguja hacia abajo, pásala por debajo del lado derecho de la puntada del orificio 3 del segundo cuadernillo (solo un lado, no toda la 'X' que se forma entre los cuadernillos primero y segundo). Entra por el 3, sal por el 4, pasa la aguja por debajo del lado derecho de la puntada del orificio 5 del segundo cuadernillo (con la aguja hacia abajo). Entra por el 5, sal por el 6, pasa la aguja por debajo del lado derecho de la puntada del orificio 7 del segundo cuadernillo (con la aguja hacia abajo). Entra por el 7, sal por el 8, pasa la aguja por debajo del lado derecho de la puntada del orificio 9 del segundo cuadernillo (con la aguja hacia abajo). Entra por el 9, sal por el 10, pasa la aguja por debajo del lado derecho entre el orificio 10 de los cuadernillos primero y segundo, con la aguja hacia abajo y en el sentido de las manecillas del reloj.

7. Fija el cuarto cuadernillo. Entra por el orificio 10 del cuarto cuadernillo. Sal por el 9, pasa la aguja por debajo del lado izquierdo de la puntada del orificio 8 del tercer cuadernillo (con la aguja hacia abajo). Entra por el 8, sal por el 7. Pasa la aguja por debajo del lado izquierdo de la puntada del orificio 6 del tercer cuadernillo (con la aguja hacia abajo). Entra por el 6, sal por el 5. Pasa la aguja por debajo del lado izquierdo de la puntada del orificio 4 del tercer cuadernillo (con la aguja hacia abajo). Entra por el 4, sal por el 3, pasa la aguja por debajo del lado izquierdo de la puntada del orificio 2 del tercer cuadernillo (con la aguja hacia abajo). Entra por el 2, sal por el 1. Pasa la aguja a través de la puntada entre el orificio 1 de los cuadernillos segundo y tercero (con la aguja hacia la derecha, en el sentido de las manecillas del reloj). Entra por el orificio 1 del siguiente cuadernillo. Repite las instrucciones del tercer y cuarto cuadernillos (pasos 6 y 7) en los cuadernillos restantes hasta que llegues al último.

8. Cuando salgas por el último orificio (el 1 o el 10) del último cuadernillo, pasa la aguja a la manera habitual (si es el orificio 1, en sentido contrario a las manecillas del reloj; si es el 10, en su sentido natural) alrededor de la puntada de debajo y entra a través de ese mismo orificio. Haz un nudo en el interior.

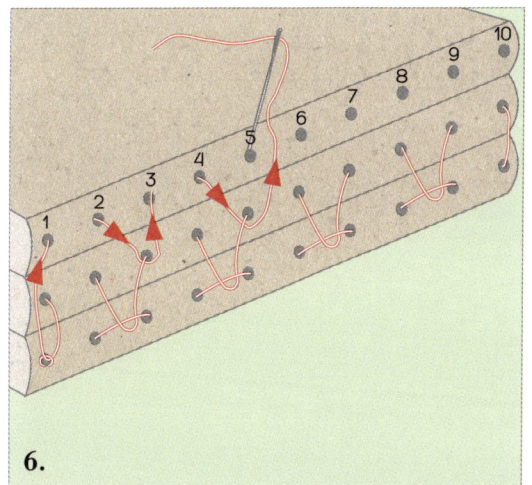

6.

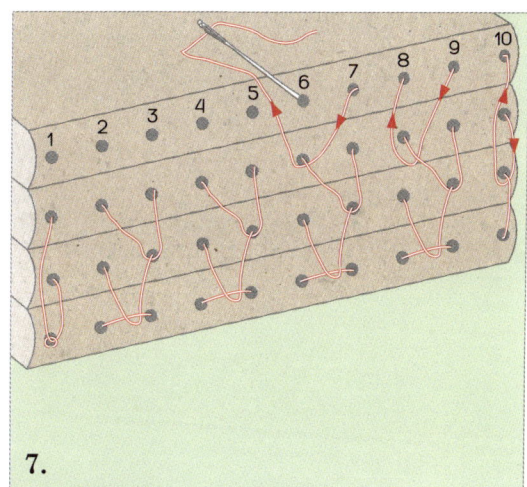

7.

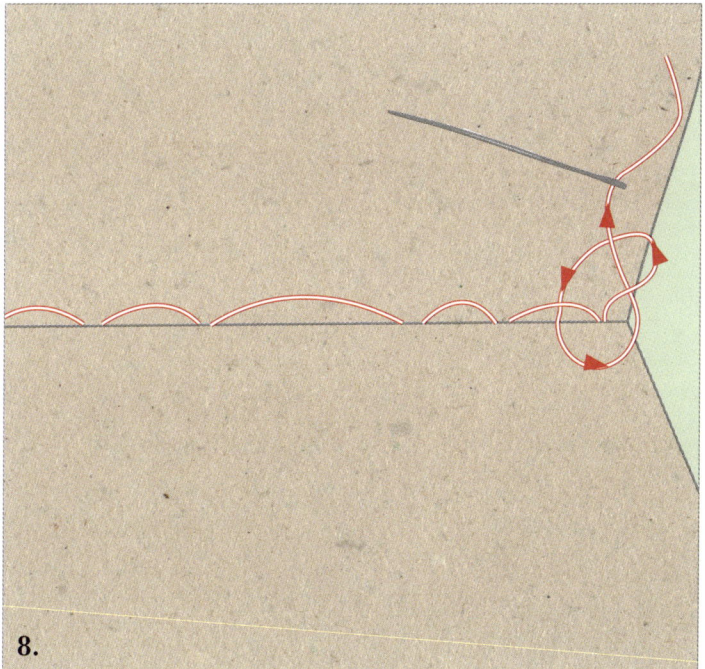

8.

🔖 CONSEJO

La cantidad de hilo será, como mínimo, el equivalente a la longitud del lomo para cada uno de los cuadernillos, a lo que hay que sumar unos centímetros extra para los nudos de los extremos. Para evitar que se rasgue el papel, tira siempre del hilo en la dirección en la que estés cosiendo.

TUTORIALES PRÁCTICOS

ENCUADERNACIÓN EN TAPA DURA

POR JENNIFER BATES

La encuadernación en tapa dura es un tipo de encuadernación con cubiertas rígidas de uso muy común. Las páginas se agrupan formando cuadernillos y después se adhieren formando un bloque, el cual se adhiere a las cubiertas.

ENCUADERNACIÓN COSIDA

MATERIAL NECESARIO
- 40 pliegos de papel de 21,5 x 28 cm
- 2 pliegos de papel grueso de 21,5 x 28 cm aprox.
- 1 pliego de papel de 12,5 x 20 cm
- Cartón para cubiertas
- Tela de encuadernación
- Un punzón de encuadernador
- Una aguja e hilo
- Cola PVA
- Un lápiz
- Una regla
- Una plancha de corte
- Una plegadera de hueso
- Un cuchillo X-Acto (o unas tijeras)
- Una brocha de encolar
- Pesos
- Prensa de encuadernación (opcional)
- Una escuadra

1. Dobla cada uno de los 40 pliegos de papel por la mitad, luego embúchalos en grupos de cuatro para formar los cuadernillos. Empezamos con el primer cuadernillo: coge la regla, localiza el centro y señala las marcas para los orificios a 2,5 cm a ambos lados de este. Debes tener siete marcas en total. Repite en el resto de los cuadernillos y después perfora los orificios con el punzón.

2. Coge el primer cuadernillo, cose por el primer orificio de la izquierda y pasando el hilo por los siguientes orificios por dentro y por fuera. Cuando llegues al último orificio, regresa cosiendo hasta el primero. Pasa por debajo el hilo y haz un nudo en el interior. Después vuelve a pasar la aguja y tira un poco del nudo hacia el exterior.

3. Coge el siguiente cuadernillo, cose desde el exterior por el primer orificio de la izquierda, pasa al exterior por el segundo y luego por el bucle de la derecha de abajo.

4. Introduce la aguja por arriba a través del bucle de la izquierda y vuelve al segundo orificio del segundo cuadernillo. Repite este proceso (pasos 3 y 4) en los orificios restantes del segundo cuadernillo. Deberás estar cosiendo de izquierda a derecha.

5. Coge el tercer cuadernillo y cose por el primer orificio de la derecha –ahora estarás cosiendo de derecha a izquierda– y sal por el segundo orificio.

6. Esta vez vas a llevar el hilo entre los dos cuadernillos de abajo, pasando alrededor de la primera puntada que los une y después metiendo la aguja de nuevo por el primer orificio del tercer cuadernillo.

7. Repite este proceso en los orificios restantes de este cuadernillo y para los cuadernillos restantes pasa siempre

Arriba: Jennifer Bates

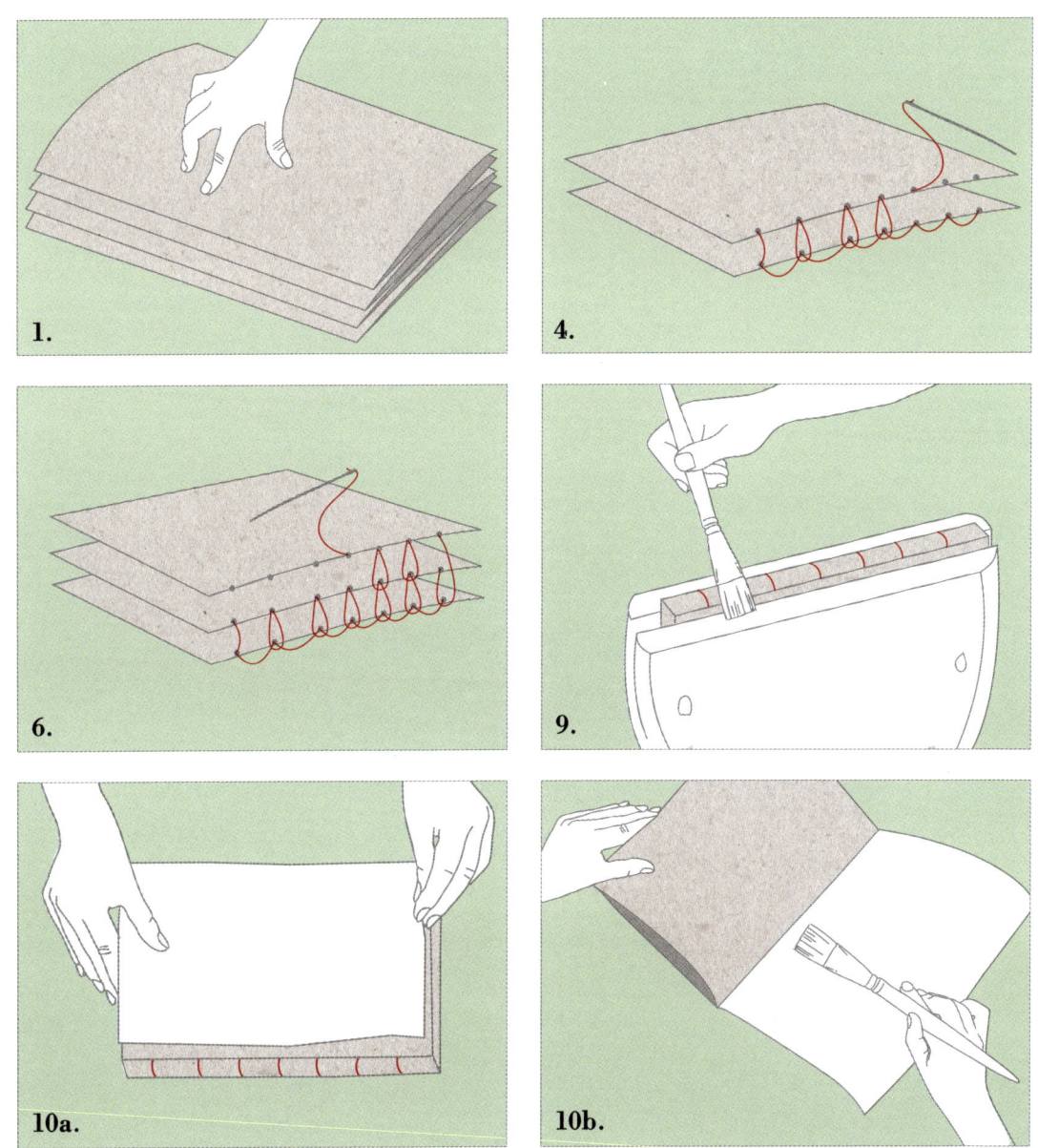

TUTORIALES PRÁCTICOS

alrededor de la puntada previa de abajo. Si llega un momento en que se te acaba el hilo, átale un nudo en el interior, tira del nudo con suavidad hacia el exterior y corta el hilo que sobre. Enhebra de nuevo la aguja, cose por ese mismo orificio (desde el exterior) y continúa con la encuadernación.

8. En el último orificio, pasa por debajo del hilo del interior del último cuadernillo, haz un nudo, tira con suavidad hacia el exterior del libro y corta el hilo que sobre.

9. Coloca el libro en la prensa de encuadernación y asegúrate de que los cuadernillos estén bien colocados. Aplica dos capas de cola PVA al lomo y déjalo secar.

10. Incorpora las guardas. Para hacerlo, dobla por la mitad las dos hojas de papel grueso, aplica una línea de cola de 6 mm a lo largo del borde de la cara anterior de la tripa y pon una de las guardas. Repite en el otro lado y después colócalo en la prensa de encuadernación y déjalo secar.

11. Cuando se haya secado retíralo de la prensa. Coge el papel de 12,5 x 20,5 cm y ponlo alrededor del lomo del libro, ayudándote con la plegadera para marcar los dobleces.

12. Aplica cola al lomo y al papel. Adhiere los lados y alísalos con la plegadera. Coloca la tripa del libro en la prensa y déjala secar.

13. Seguidamente, suaviza los bordes de las páginas del libro utilizando una cuchilla y una regla. Corta con cuidado unos 6 mm. Corta despacio y uniformemente, pasando por todas las páginas. Con un papel de lija o una lima de uñas pule las partes rugosas o desiguales.

14. Ahora ya puedes colocar la tapa. Comienza tomando las medidas del cartón. Mide la anchura de la tripa, réstale 6 mm y súmale 3 mm.

15. Para obtener la altura, mide la tripa y suma 3 mm arriba y 3 mm abajo, así que serán 6 mm en total.

16. Marca las medidas en el cartón dos veces (para las cubiertas anterior y posterior) y coloca el lomo del libro sobre el cartón. Traza marcas a los lados del lomo para obtener la anchura, pero las líneas de la altura márcalas alineadas con las cubiertas (previamente señaladas). Después recorta todas las piezas.

17. Coge la tela (o el papel) de encuadernación y ponlo delante de ti mirando hacia abajo.

Aplica cola en las tres piezas de cartón y colócalas sobre la tela (o el papel) de encuadernación, una después de otra, y elimina con la plegadera las burbujas de aire que puedan formarse. Deja un hueco de 6 mm más el grosor del cartón entre las dos cubiertas y el lomo. Utiliza una regla o una escuadra para asegurarte de que quedan rectas. Coloca unos pesos sobre las cubiertas y deja secar.

18. Cuando se hayan secado, corta el material sobrante de manera que alrededor de cada uno de los lados de los cartones haya al menos 2,5 cm.

19. Después corta todas las esquinas en ángulo dejando un pequeño hueco en las puntas.

20. Adhiere las solapas de una en una, apretando los huecos y alisando con la plegadera.

21. Adhiere las guardas al interior de las cubiertas. Coloca la tripa de manera que las guardas tengan un borde de 3 mm alrededor. Pasa la plegadera por toda la superficie para asegurar que queda lisa y asentada.

17.

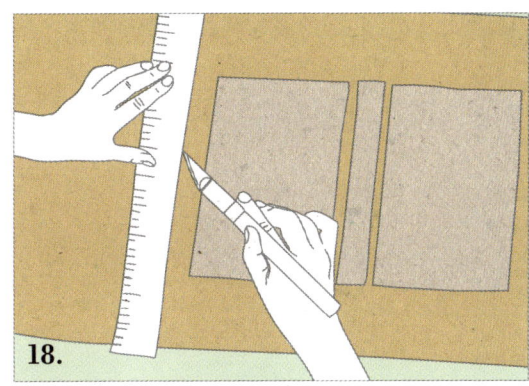

18.

19.

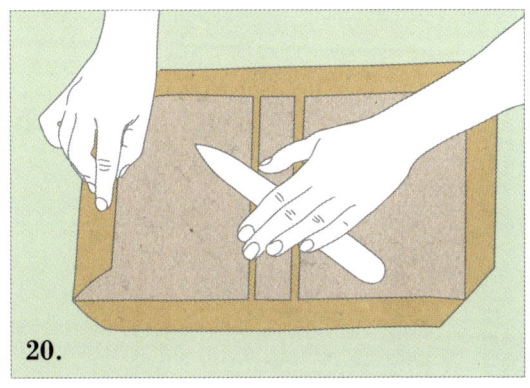

20.

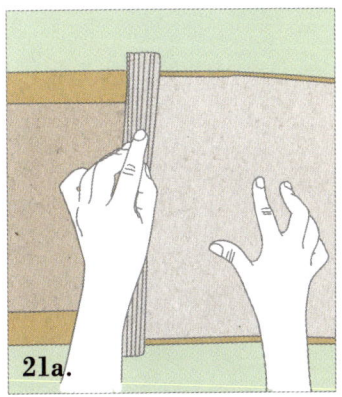

21a.

21b.

🌱 CONSEJO

Cuando estés pegando las cubiertas y el lomo a la tela o el papel de encuadernación recuerda utilizar la plegadera de hueso para alisar las arrugas y las burbujas de aire.

TUTORIALES PRÁCTICOS 163

PAPEL MARMOLADO SUMINAGASHI

POR RUTH BLEAKLEY

TRATAMIENTOS PARA PÁGINAS Y CUBIERTAS

MATERIAL NECESARIO
- Tinta líquida Sumi-E
- Dispersante (por ejemplo, Photo-Flo)
- Papel (tipo papel de dibujo Hosho Sumi de Yasutomo; 30 x 23 cm)
- 2 pinceles de caligrafía Sumi-E (del mismo tamaño)
- Un molde de horno de 33 x 23 cm o una cubeta para el agua
- 2 recipientes pequeños para la tinta y el agua (por ejemplo, tazas pequeñas como las que se usan en los restaurantes para servir las salsas)
- Tiras de papel de periódico para retirar la suciedad del agua (de la misma anchura que la cubeta o molde y de 5 cm aprox. de fondo)

La técnica Suminagashi o 'tinta flotante', originaria de Japón, es uno de los métodos conocidos más antiguos para obtener papel marmolado. Con esta técnica se consiguen estampados y texturas de gran belleza y es perfecta tanto para las cubiertas como para los interiores.

1. Extiende los periódicos sobre el área de trabajo para proteger la superficie de la mesa y prepara el baño de agua. Llena el molde de horno con agua (unos 5 cm) a temperatura ambiente y aguarda unos instantes hasta que quede en calma. La temperatura no es un aspecto crucial, pero es aconsejable que no esté ni muy fría ni muy caliente.

2. Prepara los pinceles y la tinta. Mientras preparas la tinta, empapa los pinceles en agua para suavizar las cerdas. Necesitarás dos platos pequeños para poner la tinta. Con unas cucharaditas de café por plato es suficiente. Con cuidado, vierte 2 cucharadas de tinta negra en uno de los platos. En el otro, pon 2 cucharadas de agua a temperatura ambiente y 2 gotas de dispersante. (El dispersante produce la 'tinta invisible' que dará lugar a los espacios entre los anillos negros.) Dependiendo de las marcas de tinta y dispersante que utilices es posible que tengas que añadir más dispersante, pero es mejor empezar echando poquito y añadir en caso necesario.

3. Prepara la superficie del agua para el marmolado. Coge los pinceles Sumi-E –que deberán estar empapados– y escúrrelos cuidadosamente ayudándote con la punta de los dedos para devolverles la forma. Apártalos a un lado. Coge una tira de papel de periódico y, sujetándolo por los bordes sobre el molde lleno de agua, retira los restos de suciedad que pueda haber en la superficie. Hazte a la idea de que es como pasar la espátula limpiacristales por una ventana. Es importante no saltarse este paso, de lo contrario los anillos no se dibujarán correctamente.

4. Coge un pincel con la mano derecha y el otro con la izquierda y moja uno en la tinta negra y el otro en la "invisible". Escurre

Arriba: Ruth Bleakley

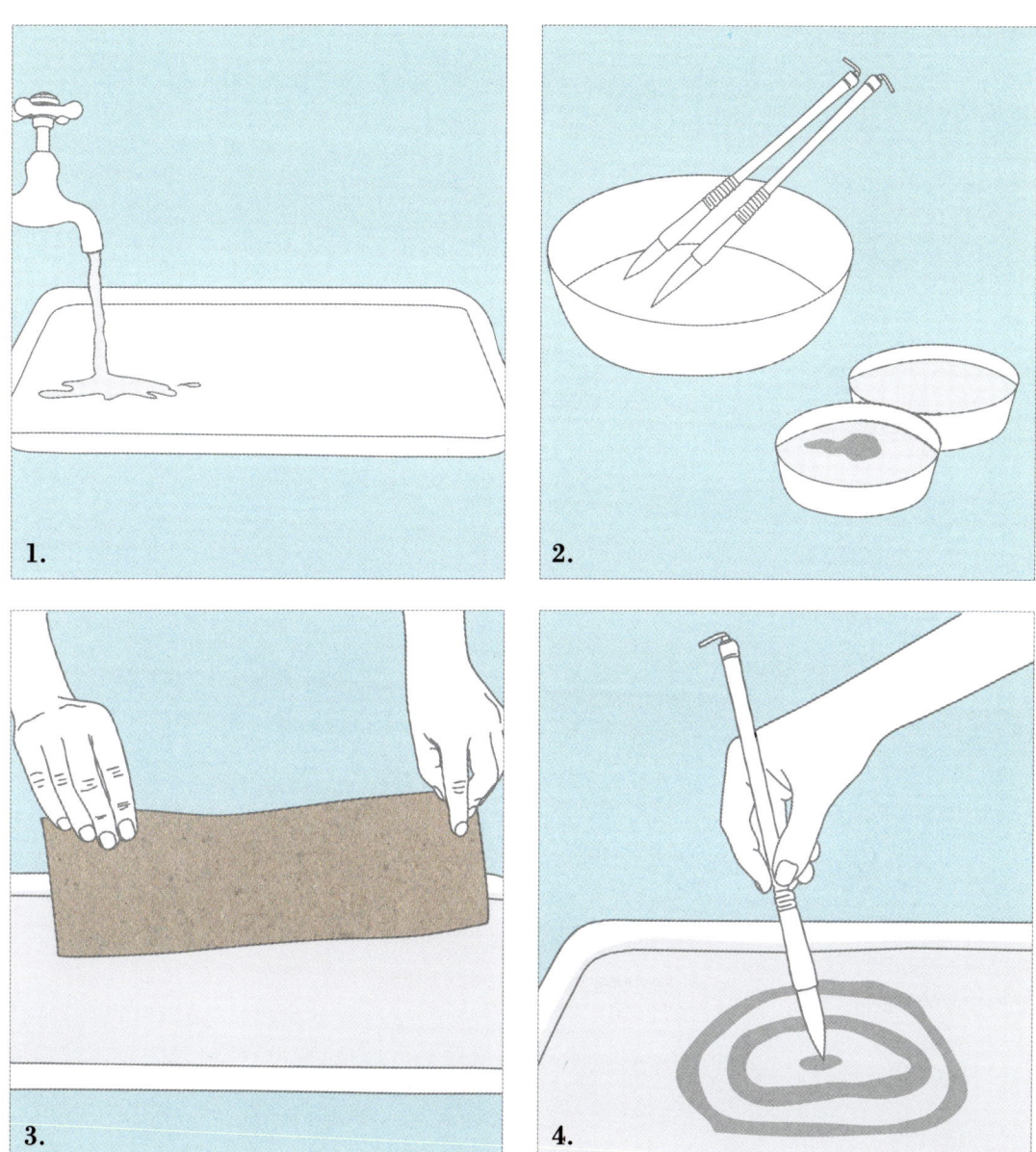

cuidadosamente el exceso de tinta en el borde del recipiente. Apoya los codos en la mesa, a los lados de la cubeta, y sujeta los pinceles rectos –uno en la mano derecha y el otro en la izquierda– con las puntas hacia el agua. Con cuidado, baja el pincel con tinta negra rozando ligeramente con la punta la superficie. No hay que sumergirla, solo debe entrar en contacto con el agua. Se formará un anillo de tinta negra –no te preocupes si es muy difuso: los anillos se apreciarán mejor después–. Retira del agua el pincel con tinta negra e introduce la punta del pincel con tinta invisible justo en el centro del círculo negro.

5. Continúa mojando los pinceles, manteniendo cada pincel en el baño de agua unos 2 o 3 segundos y alternándolos para formar anillos concéntricos. ¡Ten paciencia! Cuanto más tiempo toque el pincel el agua, más anchos serán los anillos. Haz los movimientos despacio. Mueve los añillos soplando sobre ellos cuidadosamente o removiendo alrededor con ayuda de un mondadientes. La clave está en realizar movimientos lentos y cuidadosos de manera que se mantenga la separación entre los dos colores. Si se produce un desequilibrio entre las tintas negra y blanca –por ejemplo, si empleas 5 segundos en hacer un anillo invisible y solo 1 para hacer uno negro del mismo tamaño– añade dispersante al color más lento para equilibrar la velocidad de expansión.

6. Una vez que hayas hecho todos los círculos (mi recomendación es hacer 50; 25 de cada color) estás listo para "imprimir" los anillos en el papel. Coge el papel sujetándolo a lo largo por los extremos y, con cuidado, ponlo directamente sobre el agua estampada, extendiéndolo poco a poco de un lado a otro, como si estuvieses aplicando una capa fina sobre un portaobjetos. Intenta que no se formen burbujas de aire entre el papel y el dibujo. Trabaja con rapidez pero sin sobresaltos. El papel solo debe estar sobre la superficie del agua unos 2 o 3 segundos.

7. En cuanto el dibujo comience a hacerse visible, coge el papel por uno de los bordes. Si ha quedado correoso deslízalo bajo el agua de la cubeta para enjuagarlo ligeramente antes de sacarlo. Debes hacerlo con cuidado ya que el papel mojado es muy frágil. Extiende la hoja de papel mojado sobre una encimera o un periódico, o bien cuélgalo en un tendedero de ropa –no olvides colocar abundante papel de periódico debajo para empapar las gotas que vayan cayendo–. Cuando el papel se seque quedará arrugado: alísalo con la plancha, por la cara anterior, a temperatura baja y sin vapor.

8. Imprime tantas hojas como quieras. Limpia la superficie del agua de la cubeta de marmolado entre hoja y hoja. Moja en tinta los pinceles conforme lo necesites pero con cuidado de no saturarlos porque la tinta podría caer al fondo de la cubeta en lugar de quedar flotando. Si los pinceles están muy cargados, escúrrelos con cuidado hasta que no desprendan ni una gota.

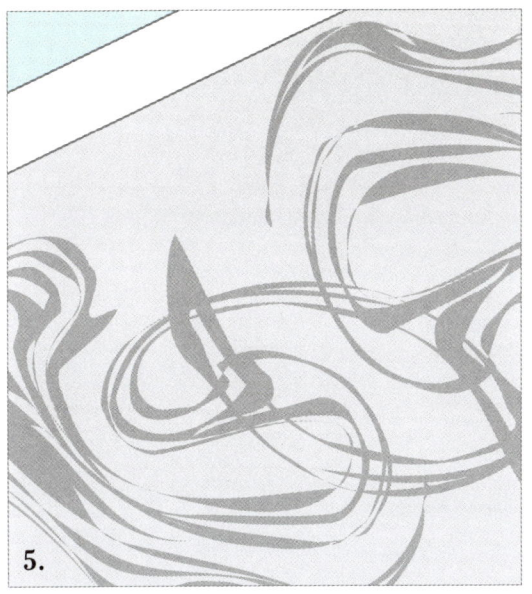

5.

6.

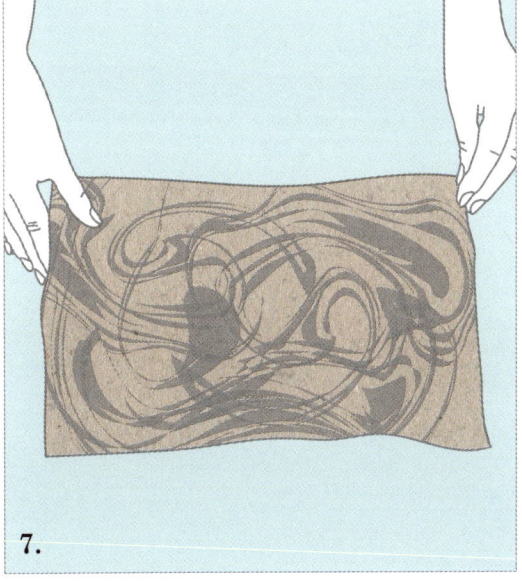

7.

📌 CONSEJO

Si el agua de la cubeta de marmolado está turbia es porque el pincel ha estado sumergido demasiado tiempo, o bien porque está muy cargado de tinta. Pon agua limpia en la cubeta y comienza de nuevo. Si el papel se rasga es porque es muy fino: prueba con uno más grueso. Si los anillos tardan mucho en agrandarse puede deberse a que el agua esté sucia –asegúrate de limpiarla y, si eso no funciona, prueba a añadir otra gota de dispersante a la tinta–. Si las tintas negra y blanca se mezclan, vacía el recipiente de la tinta, enjuaga los pinceles y empieza de nuevo. Para consultar más consejos y resolver problemas acerca de la técnica de marmolado Suminagashi *véase*: www.ruthbleakley.com/blog/2013/11/suminagashi-marbling-tips.

PAPEL EMPASTADO

POR DIKKO FAUST

TRATAMIENTOS PARA PÁGINAS Y CUBIERTAS

MATERIAL NECESARIO
- Papel o cartón para cubiertas
- Para la pasta de trigo: agua, harina sin blanquear y un clavo (especia)
- Algún tipo de sustancia colorante (*véase* paso 2)
- Un cazo
- Una brocha o una esponja
- Utensilios para texturizar (peines, sellos, tenedores)

Los encuadernadores tradicionales llevan siglos usando esta técnica –una versión de la pintura de dedos– para decorar guardas y cubiertas.

1. Elabora la pasta mezclando en un cazo seis partes de agua fría y una parte de harina sin blanquear. Ponlo a cocer y remueve hasta que se endurezca y comience a burbujear. Retíralo de la fuente de calor y sigue removiendo hasta que la mezcla esté lo suficientemente fría como para poder tocarla. Agrega el clavo (es un repelente de insectos). La pasta está lista para usar; también puedes guardarla en el frigorífico durante unos días.

2. Reparte la pasta en recipientes pequeños y agrega pintura en cada uno de ellos. Puedes usar pintura acrílica, témpera, pigmentos en polvo, ¡incluso cúrcuma!

3. Con ayuda de una brocha o una esponja humedece con agua las dos caras del papel.

4. Aplica una capa fina de color al papel con la brocha o esponja.

5. Peina o emplea los sellos para crear los estampados en el papel.

6. Deja secar el papel y después ponle encima un peso. Repite los pasos 1-6 para las cubiertas, las guardas, etcétera.

Arriba: Esther K. Smith

1.

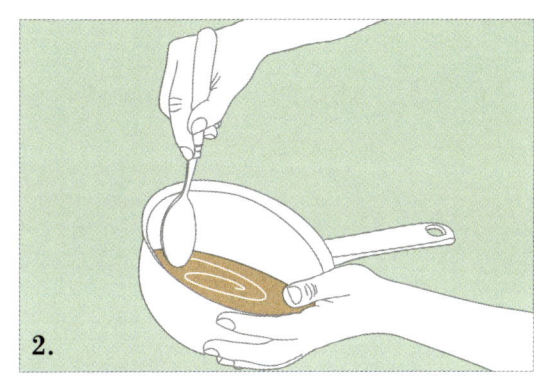

2.

3.

4.

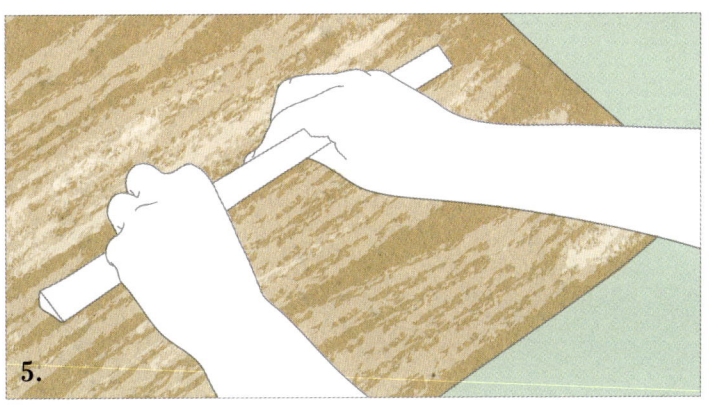

5.

🦋 CONSEJO

También puedes elaborar la pasta con almidón de maíz, harina de repostería o harina de arroz y colorearla con acrílicos o témpera –o con cualquier pigmento al agua–. Incluso puedes añadir polvos de metal o purpurina.

FROTTAGE

POR DIKKO FAUST

Este es uno de los primeros métodos de impresión. En la antigua China se usaba para copiar documentos tallados en piedra. Max Ernst y los surrealistas llamaron a esta técnica de frotado *frottage*.

1. Busca una superficie limpia y con textura en relieve. Puede ser cualquier tipo de objeto, ¡desde una tabla de cortar hasta una tapa de alcantarilla!

2. Sujeta el papel con cinta o coloca unos pesos en las esquinas.

3. Frota el papel con un crayón.

4. Haz trazos circulares y diagonales y combina los colores a tu gusto.

5. Si usas el papel en una nueva superficie conseguirás diseños más elaborados.

6. Guarda el papel sin plegar y úsalo para cubiertas, guardas, etcétera.

TRATAMIENTOS PARA PÁGINAS Y CUBIERTAS

MATERIAL NECESARIO
- Crayones para marcar metal, crayones de carpintero o crayones fundidos
- Una superficie con textura en relieve
- Papel fino y resistente
- Pesos o cinta removible

Arriba: Esther K. Smith

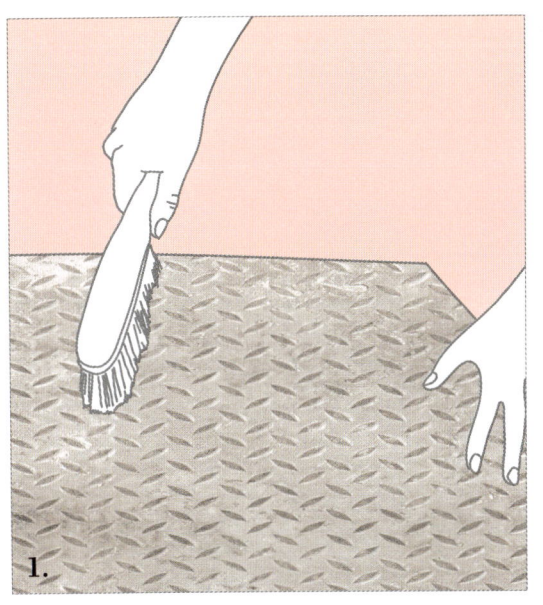

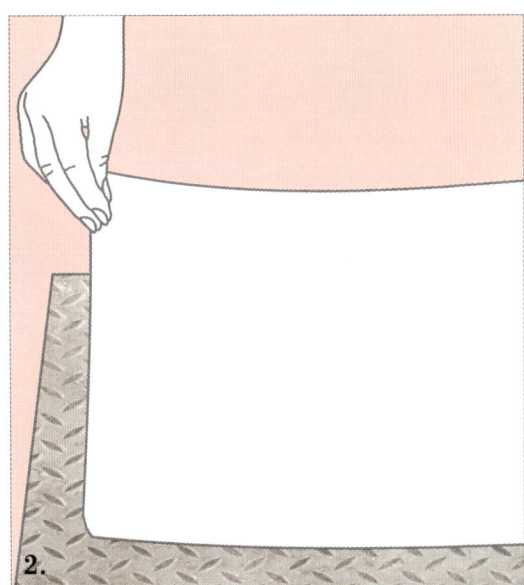

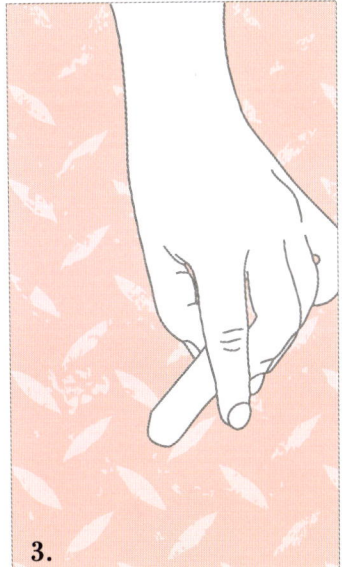

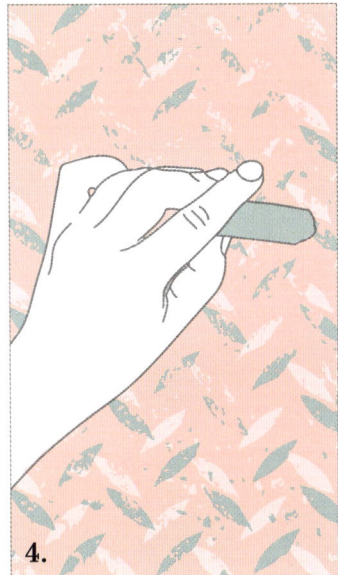

📌 CONSEJO

En lugar de utilizar texturas ya existentes puedes hacer tus propias láminas con relieve.

TINTE CON PLANTAS NATURALES

POR NATALIE STOPKA

Muchas flores y plantas contienen pigmentos colorantes naturales, en particular aquellas cuyo nombre genérico va seguido por el nombre de especie *tinctoria*. Se pueden utilizar plantas frescas de jardín o comprar plantas deshidratadas y pulverizadas a través de proveedores especializados en tintes. Estas son algunas de las plantas tintóreas que existen en la naturaleza: manzanilla, coreopsis, zarzamora, dalia, eucalipto, camomila amarilla, atanasia, aquilea y las hojas de las plantas con frutos.

TRATAMIENTOS PARA PÁGINAS Y CUBIERTAS

MATERIAL NECESARIO
- Papel (cualquier papel, del tamaño que elijas, con un contenido de lino o algodón igual o superior al 50 %, incluidos los papeles para acuarela y grabado)
- Alumbre (sulfato de aluminio o sulfato de aluminio y potasa)
- Una olla con agua hirviendo
- Plantas tintóreas
- Cubeta (cubeta de marmolado, cubeta para esmaltar o molde de horno con reborde en el que quepa el papel extendido)
- Guantes de látex o de goma
- Un colador
- Opcional: zumo de limón, vinagre blanco o amoníaco (*véase* Consejo)

Arriba: Natalie Stopka

1. Llena la cubeta de agua caliente. Añade 1 cucharada y media de café de alumbre por litro de agua y remueve hasta disolverlo.

2. A continuación, con los guantes puestos, coge las hojas de papel y sumérgelas en el agua, unas cuantas cada vez. Ten cuidado de no dejar burbujas de aire entre ellas. Déjalas en el agua durante 20 minutos o hasta que el agua se enfríe y alcance la temperatura ambiente. Una vez que hayas sumergido todo el papel, retira las últimas hojas de la bandeja, vacíala y luego enjuágala y sécala.

3. Llena una olla con la misma cantidad de agua que tenías en la cubeta y llévala a ebullición. Después viértela en la cubeta vacía. Con los guantes puestos, esparce en el agua una capa de pétalos, flores enteras, hojas o madera pulverizada. Machaca cuidadosamente las plantas con las manos conforme las vas echando en el agua. Cubre con una hoja de papel y presiona para sumergirla.

4. Continúa poniendo capas de plantas y de papel hasta que la cubeta esté llena (la última capa deben ser plantas). Para obtener colores más fuertes, pasa un rodillo sobre el papel y las plantas. Espera a que el baño de tinte se enfríe (una hora como mínimo, pero puedes dejarlo toda la noche).

5. Vacía la cubeta y retira los restos de las plantas. Llena la cubeta con agua limpia y pasa cada hoja por el agua, sacudiéndolas con mucho cuidado, para retirar los restos de plantas –los residuos más resistentes saldrán fácilmente cuando se seque–. Extiende el papel y ponlo a secar. Cuando aún esté ligeramente húmedo, apílalo entre hojas de desecho y papel secante y aplica presión para que las hojas queden lisas.

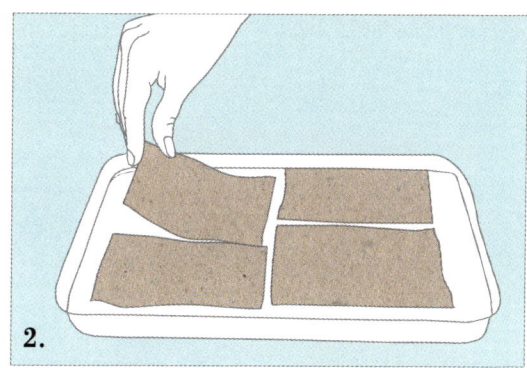

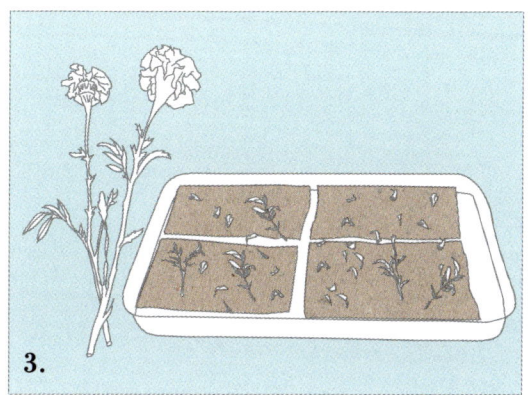

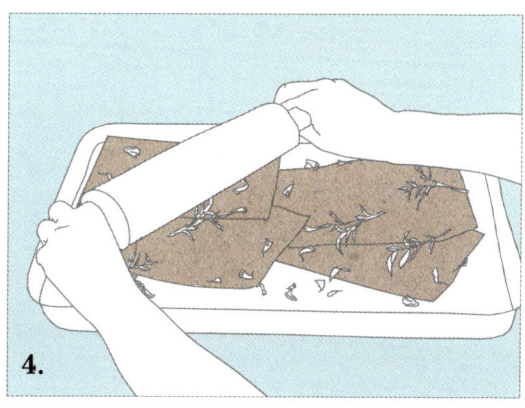

📌 CONSEJO

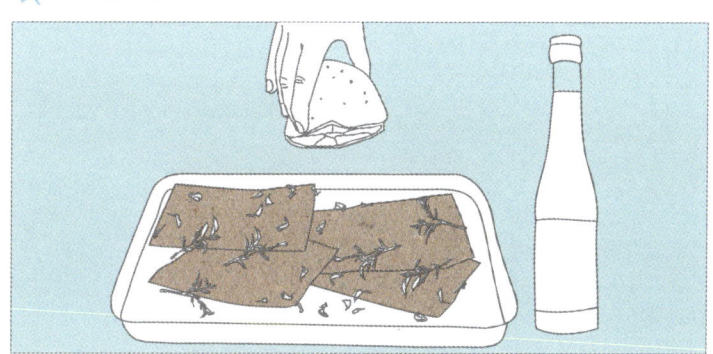

Cuando el baño esté caliente, vierte zumo de limón diluido o vinagre blanco para añadir acidez, o bien amoníaco diluido para hacerlo más alcalino. El cambio del pH alterará el color del tinte. También acortará la vida del papel, pero los resultados pueden merecer la pena.

TUTORIALES PRÁCTICOS

TELA DE ENCUADERNACIÓN

POR ANDRÉ LEE BASSUET

Con esta técnica puedes usar las telas que tú quieras para confeccionar una pieza de encuadernación exclusiva.

1. Elabora la pasta de trigo mezclando una taza de harina de repostería y una taza de agua. Hierve cuatro tazas de agua y después incorpora la mezcla de la harina. Cuece a fuego medio y remueve constantemente hasta que coja brillo y adquiera el aspecto de una salsa espesa. Déjala enfriar en un recipiente de plástico. Si es necesario, cuela la mezcla para retirar los grumos.

2. Lava y plancha la tela.

3. Vaporiza agua sobre el papel Kozo y cepíllalo con la brocha para estirar las fibras.

4. Extiende la pasta de trigo directamente sobre el papel con ayuda de una brocha o una espátula. Aplícala repartiendo por toda la superficie. Debe ser una capa fina y uniforme, bien repartida.

5. Coloca la tela hacia abajo sobre el panel de cristal (o contra el cristal si utilizas una ventana). Humedece un poco el tejido con el vaporizador de agua de manera que se quede pegado al cristal. Si trabajas en el cristal de una ventana debes hacerlo rápido (antes de que la tela se caiga).

6. Pega el papel a la tela. Pasa el rodillo desde el centro hacia el borde exterior para alisar las burbujas de aire. Los bordes exteriores del papel quedan pegados al cristal.

7. Déjalo secar. Una vez que esté seco, corta la tela a lo largo de los bordes con un cúter. Para retirar del cristal las tiras de papel sobrantes utiliza agua y un trapo.

TRATAMIENTOS PARA PÁGINAS Y CUBIERTAS

MATERIAL NECESARIO
- Tela (corta un margen alrededor de 2,5 cm superior a la superficie del proyecto. El algodón es el tejido que da mejor resultado)
- Papel Kozo (corta un margen alrededor de 2,5 cm superior a la superficie de la tela)
- Pasta de trigo
- Un recipiente de plástico
- Una espátula limpiacristales
- Una ventana o un panel de cristal
- Una brocha o un rodillo
- Un frasco con vaporizador lleno de agua (o un bol de agua y una brocha ancha)

Arriba: Trinh Mai

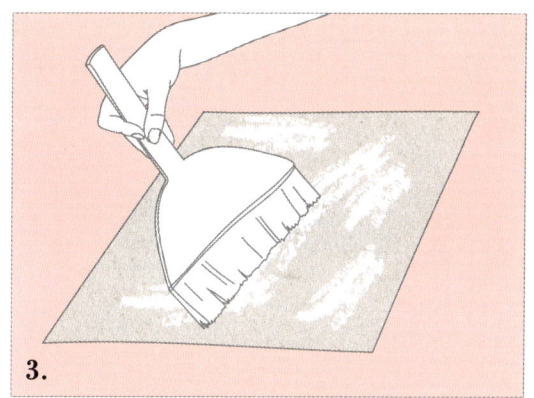

3.

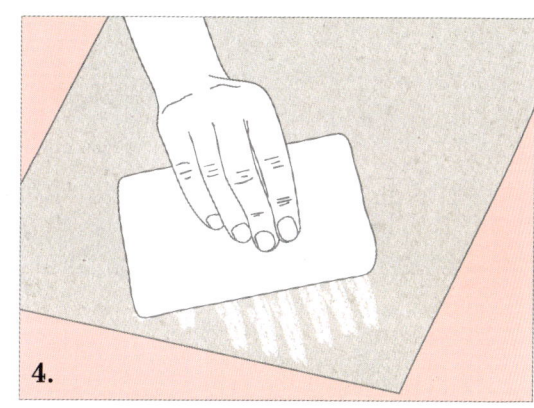

4.

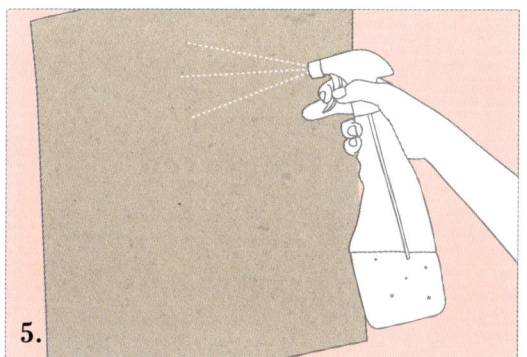

5.

6.

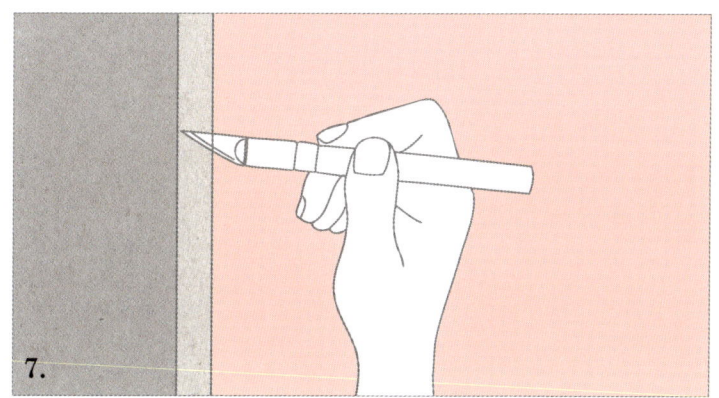

7.

📌 CONSEJO

Algunos encuadernadores utilizan pasta de arroz o almidón de maíz en lugar de pasta de trigo.

CUBIERTA TEJIDA

POR EMMA BONSALL

Las cubiertas tejidas son una forma fabulosa de otorgar personalidad a un libro. En este tutorial utilizamos mapas antiguos, pero sirve cualquier papel –decorado, liso, de color– que tengas a mano. Si vas a utilizar mapas, escoge uno en el que predomine el agua y otro en el que casi todo sea tierra: así obtendrás una mezcla de colores atractiva.

TRATAMIENTOS PARA PÁGINAS Y CUBIERTAS

MATERIAL NECESARIO
- Un libro que quieras forrar
- Pliegos grandes de papel liso o decorado
- Una plancha de corte
- Una regla de acero
- Un cúter rotativo (o unas tijeras)
- Cola PVA
- Cinta de doble cara

1. Coloca los mapas por el reverso. Marca tiras que tengan una anchura de 13 mm y que sean lo suficientemente largas para rodear el libro de arriba abajo (piezas verticales) y de la cara anterior a la posterior (piezas horizontales). Deja 2,5 cm a cada extremo. Las tiras deben estar colocadas horizontalmente, de manera que puedas leer los nombres que aparecen en el mapa.

2. Extiende las piezas horizontales alineándolas y fíjalas a la superficie de trabajo con un poco de cinta o aplicando presión sobre ellas.

3. Ahora comienza a "tejer" las piezas verticales y horizontales. Comienza por la izquierda y ve "tejiendo" de un lado a otro.

4. Cuando tengas suficiente tejido para forrar las cubiertas anterior y posterior del libro, pon un poco de cinta en la base de las piezas tejidas, dejando un trozo para doblar y sellar los extremos. Repite el proceso en la parte superior y en los lados; después dobla la cinta hacia el interior. Ya tienes tu tela tejida.

5. Pon cinta de doble cara en el libro que vas a forrar, incluido el lomo. Después coloca la parte posterior del libro sobre el mapa tejido, envuelve el libro con él y aplica presión para asegurar que queda pegado.

6. Recorta los bordes que sobran alrededor y pégalos a la cubierta anterior.

Arriba: Emma Bonsall

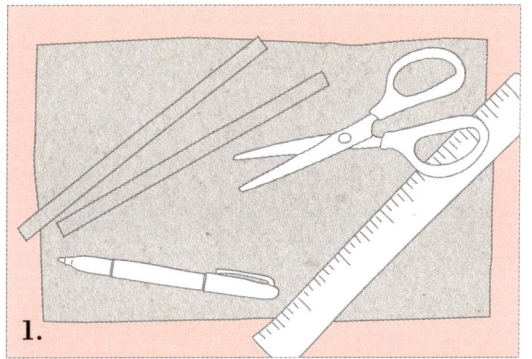

1.

2.

3.

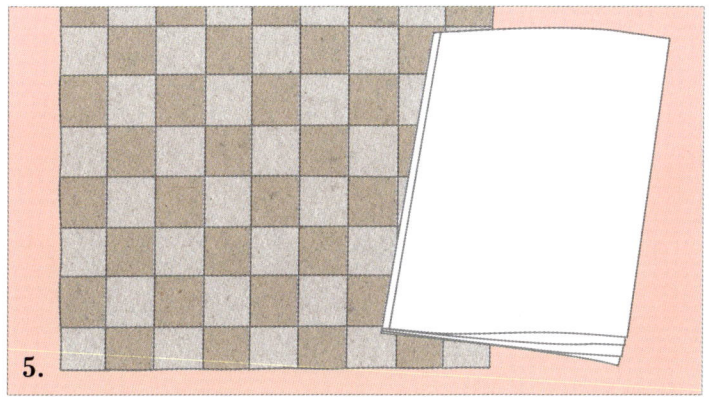

5.

📌 CONSEJO

Una buena idea es colocar una pila de libros sobre la cubierta terminada para garantizar que las piezas quedan adheridas a esta correctamente.

TUTORIALES PRÁCTICOS

SOBRECUBIERTA DE TELA

POR MARETH CORDELL

Para confeccionar una sobrecubierta se precisa poco material y además es una forma estupenda de aprovechar retales.

1. Dispón el orden de los tejidos y luego córtalos en tiras de la siguiente manera: superior: 11 x 48,5 cm; centro: 6,5 x 48,5 cm; inferior: 15 x 48,5 cm. En el centro irán estampados los números, por lo tanto, elige una tela de un color claro y neutro.

2. Estampa un texto o un código Dewey Decimal utilizando sellos y una almohadilla.

3. Junta los lados derechos de las telas inferior y central y cóselos por el lado más largo con una costura de 13 mm. A continuación junta los lados derechos de las telas central y superior y cóselas por el lado más largo con una costura de 13 mm. La pieza obtenida debe medir 27,3 x 48,5 cm.

4. Dobla hacia dentro el borde del lado corto de la tela unos 6 mm y presiona. Dobla otros 6 mm y presiona de nuevo. Cose a lo largo del borde doblado realizando un pespunte estrecho. Repite en ambos lados.

5. Coloca el diario sobre la tela con el lado derecho hacia arriba. Dobla los bordes cortos de la tela sobre la cubierta del diario. Traza unas líneas sobre la tela doblada para señalar las partes superior e inferior de los bordes del libro. En el siguiente paso vas a coser siguiendo estas líneas.

6. Una vez que hayas marcado las cuatro líneas de cosido (superior izquierda, inferior izquierda, superior derecha e inferior derecha), desliza el diario y retíralo de la tela. Presiona los bordes para mantener todo en su sitio y cose los dobleces siguiendo las líneas. Haz un corte diagonal en cada esquina con cuidado de no cortar la costura.

7. Dale la vuelta a la sobrecubierta, empuja hacia fuera las esquinas y presiona. Aplica los adornos que desees. Inserta el diario; debe quedar ajustado.

PACKAGING EXPERIMENTAL

MATERIAL NECESARIO

- Un diario de 12,5 x 21 cm aprox.
- 3 retales de 6,5 x 48,5 cm (como mínimo)
- Tijeras de sastre o un cúter rotativo
- Sellos numéricos
- Una almohadilla de tinta permanente
- Un lápiz
- Una máquina de coser
- Hilo
- Adornos (opcional)

Arriba: Mareth Cordell

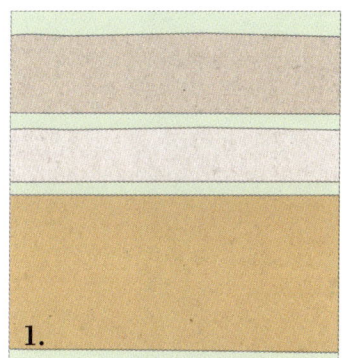
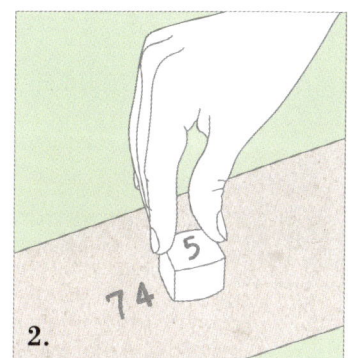
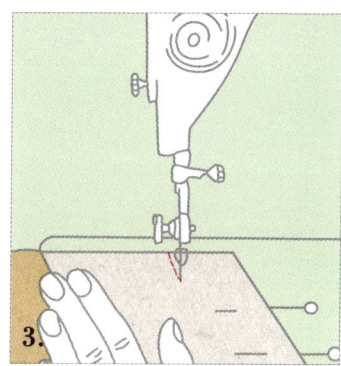
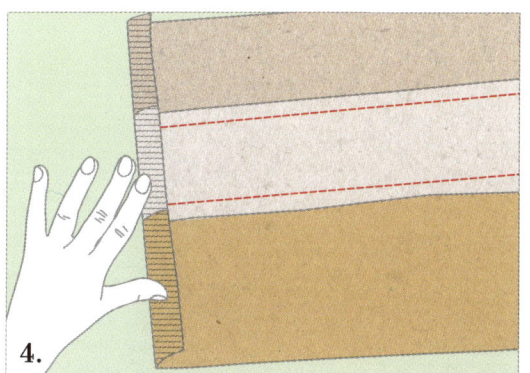
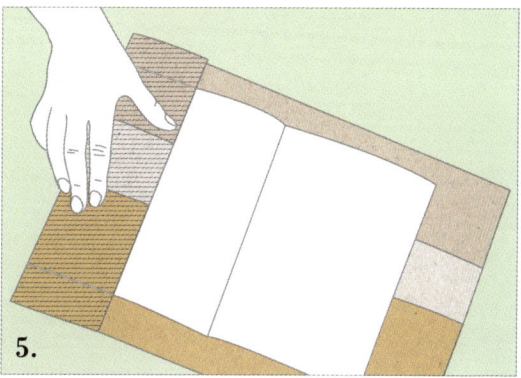
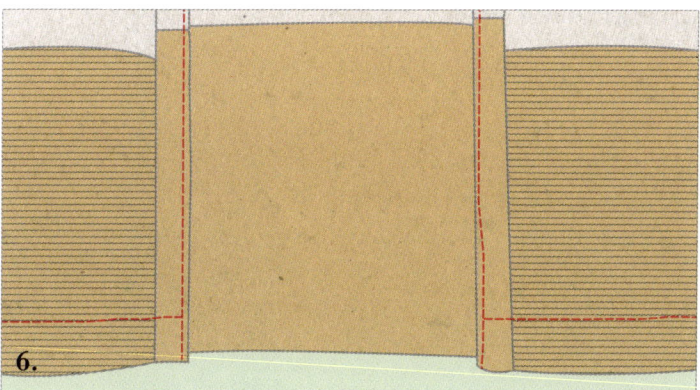

🌿 CONSEJO

Cuando cosas los retales comprueba la disposición de la tela central para asegurar que los números queden en la posición adecuada cuando la sobrecubierta esté terminada.

TUTORIALES PRÁCTICOS

LIBRO ALMOHADA
POR ANDRÉ LEE BASSUET

El libro almohada de Bassuet es una interpretación literal de un libro japonés del siglo XI muy popular. La autora, Sei Shōnagon, guardaba las páginas del libro debajo de la almohada.

1. Corta los materiales a la medida de la tripa del libro: el cartón de libros, con un cuchillo Olfa o un cúter rotativo, y la espuma, con unas tijeras.

2. Corta la tela de encuadernación de manera que tenga un margen alrededor de 2,5 cm superior al de la superficie del cartón de libros. Usa un cuchillo Olfa o un cúter rotativo. Corta las esquinas con unas tijeras.

3. Adhiere la espuma al cartón. Con la brocha, extiende la cola sobre la tela de encuadernación y adhiere la espuma por abajo.

4. Presiona con firmeza el cartón y la espuma mientras adhieres los bordes de la tela de encuadernación; pega primero los largos. Alisa la tela con ayuda de la plegadera de hueso.

5. Aprieta las esquinas de los lados largos y de nuevo presiona con firmeza el cartón y la espuma mientras adhieres los bordes cortos.

6. Coloca el libro en una prensa de encuadernación.

PACKAGING EXPERIMENTAL

MATERIAL NECESARIO
- Cartón de libros
- Tela de encuadernación
- Espuma de 13 mm
- Cola PVA y pegamento de metilcelulosa (50/50)
- Una brocha de encolar
- Una plancha de corte
- Un cuchillo Olfa o un cúter rotativo
- Unas tijeras
- Una plegadera de hueso
- Una prensa de encuadernación

Arriba: André Lee Bassuet

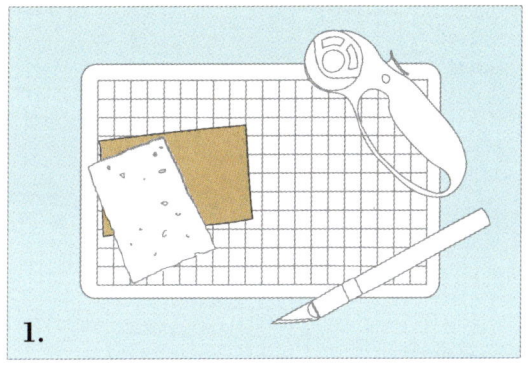

1.

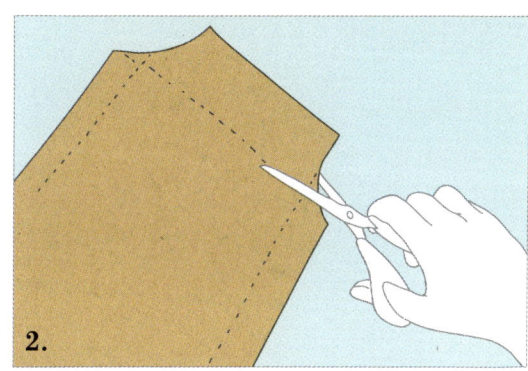

2.

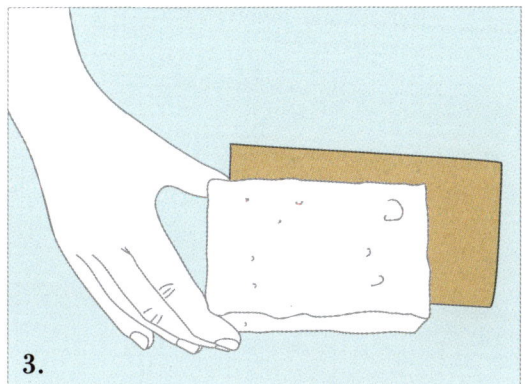

3.

4.

5.

 **CONSEJO**

Experimenta con diferentes tipos de tela y averigua cuál de ellas queda mejor.

DIRECTORIO DE COLABORADORES

AG&P Handmade
agphandmade.etsy.com

Alejandro Grima Clemente
www.cargocollective.com/alejandrogrima

Alice Fox
www.alicefox.co.uk

André Lee Bassuet
www.etsy.com/shop/kowaikuma

Anna Fewster
www.annafewster.co.uk

Anneke de Clerck
somefiddlingonthekitchentable.blogspot.com

Antonio Rodrigues Jr.
AntonioRodriguesJr.com

Anna Sokolovskaya
sas-does.blogspot.co.uk

Askida
www.facebook.com/pages/Askida/129589630391397

Becca Hirsbrunner
beccamakingfaces.com

Big Boy Press
https://sites.google.com/site/bigboypressofks/

Boombox Bindery
www.boomboxbindery.com

Boundless Bookbindery
www.larissacox.com

Canteiro de Alfaces-Livros Artesanais e Outras Folhas
www.canteirodealfaces.com.br

Cassandra Fernandez
www.cassa-studio.com

Cathy Durso
www.cathydurso.net

Christer Dahlslett
www.behance.net/dahlslett

Christopher Skinner
www.lestaret.comchristopherskinner.wordpress.com

Coffee Monkey Press
www.coffeemonkeypress.etsy.com

Corrupiola
www.corrupiola.com.br

Elizabeth Sheehan
www.sheeprints.com

Emma Bonsall
rubymurraysmusings.blogspot.co.uk

Esther K. Smith y Dikko Faust de Purgatory Pie Press
www.purgatorypiepress.com

Ewelina Rosinska
www.ewerosinska.com

Fatos & Artefatos
fatosartefatos.blogspot.co.uk

Feeding the Lake
www.feedingthelake.com

Flying Fish Press
www.flyingfishpress.com

Gabriela Irigoyen Handmade Books
www.behance.net/gabrielairigoyen

Harrington & Squires
www.harringtonandsquires.co.uk

Hellojenuine
www.hellojenuine.com

H&G Handmade
www.flickr.com/photos/gonnaaway

Hilary Leckridge
www.hilaryleckridge.com

Hinged Strung Stitched
hsspdx.com

Immaginacija
www.immaginacija.com

Inayza
handmadebyinayza.tumblr.com

INK+WIT
www.inkandwit.com

Iris Grimm
grimm-books.com

Jiani Lu
www.lujiani.com

Julia Nitzsche
nitzsches@gmail.com

Karolin Schnoor
karolinschnoor.co.uk

Killside Krafts
killsidekrafts.blogspot.ca

Kyle Holland
www.kyleholland.com

Leah Buckareff of Coldsnap Bindery
www.coldsnapbindery.com

Lime Riot
limeriot.blogspot.com

Little Paper Bird
cargocollective.com/sarahpeel

Lotta Helleberg
www.lottahelleberg.com

Louise Walker
www.behance.net/louise_walker

Lucy May Schofield
www.lucymayschofield.co.uk

Mareth Cordell
limeriot.blogspot.co.uk

Marjolein Coenrady
www.marjoleincoenrady.nl

Natalie Stopka
www.nataliestopka.com

Naughty Dog Press
emilymartin.com

Nightjar Books
amyegerdeen.com

Norman Pointer
www.bardstownbookery.com

Odelae
www.odelae.com

Olive Art
www.oliveartonline.com

Painted Fish Studio
paintedfishstudio.com

Paperlaarre
paperiaarre.blogspot.com

papierdier
www.etsy.com/shop/papierdier

Pooja Makhijani
notabilia.wordpress.com

RAMA
www.ramataller.com.ar

Ruby Murray
www.rubymurraysmusings.blogspot.ca

Ruth Bleakley
www.ruthbleakley.com

Red Parrot Press
www.barbaramilman.com

Sakurasnow
www.sakurasnow.com

Satsuki Shibuya
www.satsukishibuya.com

Scantron Press
www.dianejacobs.net

Sea Lemon
youtube.com/user/SeaLemonDIY

Serena Olivieri
serenaolivieri.com

Sprouts Press
www.sproutspress.etsy.com

Team Art
www.teamart.ca

Thereza Rowe
www.therezarowe.com

Three Trees Bindery
www.threetreesbindery.com

Twine Bindery
www.etsy.com/shop/twinebindery

West Cermak
westcermak.etsy.com

Western New York Book Arts Center
www.wnybookarts.org

Windy Weather Bindery
wwbindery.com

RECURSOS ÚTILES

PROVEEDORES DE PAPEL

Adoce
www.adoce.com

Arts Papers Online
www.artpapersonline.com

Barna-Art
www.barna-art.com

Carriage House Paper
www.carriagehousepaper.com

Cartapura
www.cartapura.de

Delipapel
www.delipapel.com

Fine Art Store
www.fineartstore.com

French Paper Company
www.frenchpaper.com

Hand Made Paper
handmadepaper.cz/en

Hiromi Paper
store.hiromipaper.com

Inventables
www.inventables.com

The Japanese Paper Place
www.japanesepaperplace.com

Luna de Papel
www.tulunadepapel.com

Mohawk Fine Papers
www.mohawkconnects.com

Neenah Paper
www.neenahpaper.com

New York Central Art
www.nycentralart.com

Paper Arts
www.paperarts.com

The Paper Place
www.thepaperplace.ca

Paper Point
shop.paperpoint.com.au

Paper Source
www.paper-source.com

Raima
www.paperland.cat

RK Burt
www.rkburt.com

Rossi
rossi1931.com

Scrap House
www.scraphouse.com

Vlieger Papier
vliegerpapier.nl

ÚTILES DE ENCUADERNACIÓN (herramientas y suministros)

A Sprinkle of Imagination
www.asprinkleofimagination.com

Aboveground Art Supplies
www.abovegroundartsupplies.com

Affordable Binding Equipment
affordablebindingequipment.com

Amillo, SL
www.amillo.com

An-car
www.an-car.cat

Arch Drafting Supplies
www.archsupplies.com

Art Journey
www.artjourney.nl

Arte Miranda
www.artemiranda.es

Artist Trading Post
www.artisttradingpost.com

Au Papier Japonais
www.aupapierjaponais.com

Axminster
www.axminster.co.uk

Barna Paper
www.barna-art.com

Bindery Tools LLC
www.binderytools.com

Blick
www.dickblick.com

The Bookbinders Workshop
www.bookbindersworkshop.com

Broad Canvas
www.broadcanvas.net

Brignell Bookbinders
www.brignellbookbinders.com

Campbell Logan Bindery
www.campbell-logan.com

Cass Art
www.cassart.co.uk

Cave Paper
www.cavepaper.com

Colophon Book Arts Supply
www.colophonbookarts.com

Conways Bindery
conwaysofhalifax.co.uk

Damen Papier Royaal
www.papier-royaal.nl

Dasa
www.dasa.com.ar

De Craftorij
www.de-craftorij.nl/webwinkel

Dekora
www.dekora.com.ar

Distribuidora Almagro
www.distribuidoralmagro.com.ar

Ernest Schaefer
www.ernestschaeferinc.com

German Modulor
modulor.de

GMW
www.gmw-shop.de/shop

Great Art
www.greatart.co.uk

Hakikat Kirtasiye
www.hakikat.com/as/askirt.html

Harmatan & Oakridge Leathers
www.harmatan.co.uk

Hollander's
www.hollanders.com

In the Clear
www.etsy.com/shop/InTheClear

J Hewit & Sons Ltd
www.hewit.com

Kremer Pigments
kremerpigments.com

Kumetat
www.kumetat-rpk.de

La Dominotería
www.ladominoteria.com

La Riva
www.papelesespeciales.es

London Graphic Centre
www.londongraphics.co.uk

Maiwa
www.maiwa.com

Nebel Bookbinding Supplies
www.nebel.co.at

Northport Company
www.northportbinding.com

Papertrail Handmade Paper and Book Arts
www.papertrail.ca

Pergamena
www.pergamena.net

Ratchford
www.ratchford.co.uk

Schmedt
www.schmedt.com

TAKEO
www.takeo.co.jp/site/english

Talas
www.talasonline.com

Totenart
www.toenart.com

Vicens Piera
www.vpiera.com

Volcano Arts
www.volcanoarts.com

HILOS DE ALGODÓN ENCERADOS

Bello Modo
www.bellomodo.com

Createsse
www.createsse.es

Lincraft
www.lincraft.com.au

Royalwood Ltd
www.royalwoodltd.com

Spotlight
www.spotlight.com.au

White Clover Kiln
whitecloverkiln.etsy.com

BLOGS, COMUNIDADES Y RECURSOS *ONLINE*

About The Binding
aboutthebinding.blogspot.com

The Artist Book 3.0
artistbooks.ning.com/profile/askida

Artists Books Online
www.artistsbooksonline.com

Artes del Libro
www.artesdellibro.com.mx

Ashville Bookworks
www.ashevillebookworks.com

Atelier Plano
www.atelierplano.be

BCF Books
www.bcfbooks.co.uk/index.htm

Behance
be.net

Book Arts
www.bookarts.uwe.ac.uk

Book Arts Forum
www.bookartsforum.com

The Book Arts Web
www.philobiblon.com

Book Binding
www.bookbinding.com

Book Design Research
bookdesignresearch.blogspot.co.uk

Bookbinders Chronicle
bookbinderschronicle.blogspot.com

Cailun
www.cailun.info

Canadian Book Binders and Book Artists Guild
www.cbbag.ca

Carlos Rey
www.aquiseencuaderna.com

Center for Book Arts
www.centerforbookarts.org

Designer Bookbinders
www.designerbookbinders.org.uk

Entrelomos
Eltallerdeencuadernación.blogspot.com.es

Etsy Bookbinding Team
www.bookbindingteam.com

Graphic Exchange
www.mr-cup.com/blog.html

Guild of Bookworkers
www.guildofbookworkers.org

I Need A Guide
ineedaguide.blogspot.com.br

Keith SmithBooks
www.keithsmithbooks.com

Kuenstler Buecher
www.kuenstlerbuecher.com/mostre.php

London Centre for Book Arts
londonbookarts.tumblr.com

Making Handmade Books
makinghandmadebooks.blogspot.com

Society of Bookbinders
www.societyofbookbinders.com/about/about.html

Stichting Handboekbinden
www.stichting-handboekbinden.nl/site

LIBROS

500 Handmade Books: Inspiring Interpretations of a Timeless Form (500 Series)
Lark Crafts, 2008

Adventures in Bookbinding: Handcrafting Mixed-Media Books, de Jeannine Stein, Quarry Books, 2011

Bookcraft: Techniques for Binding, Folding, and Decorating to Create Books and More, de Heather Weston, Quarry Books, 2008

How to Make Books: Fold, Cut & Stitch Your Way to a One-of-a-Kind Book, de Esther K. Smith, Potter Craft, 2007

La encuadernación japonesa: Instrucciones de un maestro artesano de Kojiro Ikagami, Libros Clan, 2011

Making Handmade Books: 100+ Bindings, Structures & Forms, de Alisa Golden, Lark Crafts, 2011

FERIAS INTERNACIONALES DE LIBRO ARTESANAL Y DE ARTISTA

ABER
www.aber.org.br

Artists Book Prize
www.artistsbookprize.co.uk

Arts Libris
artslibris.cat

The Big Design Market
www.thebigdesignmarket.com

Bristol Artists' Book Event
www.arnolfini.org.uk/whatson/babe-2013-bristol-artists-book-event

Brooklyn Flea
www.brooklynflea.com

Cairo Flea Market
www.facebook.com/CairoFleaMarket

City of Craft
www.cityofcraft.com

CMD (Metropolitan Design Center)
www.cmd.gov.ar

CODEX International Book Fair
www.codexfoundation.org

Fine Press Book Association Fairs
www.fpba.com

Focus on Book Arts
focusonbookarts.org

Frankfurt Book Fair
www.buchmesse.de/en/fbf

Glasgow International Artists Bookfair
www.giab.org.uk

Handmade Detroit
handmadedetroit.com

Hello Handmade
www.hello-handmade.com

LA Art Book Fair
laartbookfair.net

Leeds Artists Book Fair
www.leedsartbookfair.com/2013-artist-book-fair

Les éditeurs, la foire, France Artist's Book Fair
www.centredeslivresdartistes.info

London Artists Book Fair (LAB)
www.marcuscampbell.co.uk

Markit
www.markitfedsquare.com.au

Masquelibros
www.masquelibrosferia.com

Minnesota Center for Book Arts Festival
www.mnbookarts.org/theshop/theshopfestival.html

National Stationery Show
www.nationalstationeryshow.com

New York Gift Show
www.nynow.com

OCADU Book Arts
Fairapache.ocad.ca/events_calendar/eventdetail.php?id=3899

Renegade Craft Fair
www.renegadecraft.com

Sheffield International Book Prize
artistsbookprize.co.uk

Small Publishers Fair
smallpublishersfair.co.uk

State of Unique
stateofunique.com

TMDG (Design Festival)
www.trimarchidg.net/tmdg

Tokyo Art Book Fair
zinesmate.org/lang/en/the-tokyo-art-book-fair

Turn the Page
www.turnthepage.org.uk

GLOSARIO

Acordeón Estructura antigua de plegado procedente de Asia.

Caballete con grapa Encuadernación que hace referencia al uso de grapas para fijar los folios a una cubierta plegada. Para encuadernar libros se utilizan grapas de acero inoxidable.

Cabeza y pie La cabeza es la parte superior del libro y el pie la parte inferior.

Carrusel Estructura compuesta por varios bloques de texto en acordeón cuyos pliegues presentan diferentes niveles de profundidad.

Cinta de costura Cinta de lino.

Códex Formato de libro estándar. Normalmente se compone de varios cuadernillos.

Códex de un solo cuadernillo Folleto.

Concertina Variante de menor tamaño del plegado en acordeón. Se utiliza como lomo o base al que se cosen las páginas encoladas. Término alternativo a acordeón.

Cosido a caballete Existen tres variantes básicas del cosido a caballete: con tres, cuatro y cinco orificios.

Cosido japonés Existen cuatro variantes básicas del cosido japonés: el Kikko Toji (encuadernación concha de tortuga), el Asa-No-Ha Toji (encuadernación de hoja de cáñamo), el Koki Toji (encuadernación noble) y el Yotsume Toji (encuadernación cuatro ojos).

Cosido *kettle* Tipo de costura realizada con punto bucle, parecido al punto de cadeneta.

Cuadernillo Grupo de dos o más folios sueltos: una sección plegada.

Doublure Forro decorativo utilizado para cubrir el interior de las cubiertas.

Encuadernación belga secreta Nombre poco apropiado para la técnica de cosido de cubiertas con puntada cruzada, que fue inventada por Anne Goy en Bélgica a mediados de la década de 1980.

Encuadernación *blizzard* Método de plegado inventado por Hedi Kyle.

Encuadernación Bradel Técnica de encuadernación en tapa de origen alemán mediante la cual una pieza de papel une el lomo a los cartones de las cubiertas. También se usa en cartones separados.

Encuadernación *caterpillar* Tipo de cosido que aporta una cualidad decorativa espectacular.

Encuadernación con costura francesa Tipo de cosido sin respaldo, similar al cosido copto.

Encuadernación copta Es la forma de códex más antigua. Los cuadernillos se unen cosiéndolos mediante una técnica similar a la que se emplea para tricotar, en la medida en que cada bucle se engancha con otro punto.

Encuadernación de puntada de ojal Encuadernación cosida mediante la cual los cuadernillos se cosen con hilo rodeando el lomo, que presenta aberturas. Su uso se popularizó a partir de la serie de libros *Non-Adhesive Binding* de Keith Smith.

Encuadernación en corona Hace referencia al libro *blizzard* de Hedi Kyle. Esta estructura permite quitar y poner los folios que la forman.

Faja Tira de papel o de tela que envuelve un libro. A veces su función es decorativa, si bien en ocasiones incluye algún tipo de información, por ejemplo, el título del libro.

Flag book **(libro bandera)** Es un tipo de libro móvil inventado por Hedi Kyle. La estructura está creada a partir de un lomo en concertina. Su aspecto es similar al de un libro *pop-up* abierto.

Folio Pliego de papel doblado por la mitad.

Impresión ecológica También llamada 'impresión verde'. Hace referencia a los procedimientos y materiales de impresión responsables con el medio ambiente, por ejemplo, el hecho de no usar disolventes. Es común utilizar papel reciclado fabricado con residuos de posconsumo. La impresión tipográfica con imposición manual de tipos es uno de los métodos más seguros desde un punto de vista ecológico, pues se desperdicia muy poco papel y los tipos se utilizan una y otra vez durante décadas, o incluso siglos. Las láminas de polímero se desechan tras utilizarlas y precisan negativos de un solo uso. En algunos talleres de imprenta se llega a utilizar aceite de cocina como sustitutivo de los disolventes para limpiar las planchas.

Impresión tipográfica Impresión en relieve con tipos móviles o fotograbados, tales como cobre, cinc o láminas de polímero.

Libro dragón Es otro nombre para el libro 'serpiente de origami' ideado por Anna Wolf. La estructura está formada por varias bases, similares a las de las grullas de origami, unidas entre sí.

Marmolado (o jaspeado) Técnica para decorar papel. Los pigmentos quedan flotando en el agua o en una base semilíquida formando remolinos. Al posar el papel sobre la superficie la tinta se impregna sobre él.

Orificios de cosido Agujeros que se perforan en los cuadernillos para coser.

Papel Unryu Papel decorado japonés o tailandés fabricado con pasta Kozo, cuyas fibras son largas y arremolinadas. Unryu es un término japonés que se traduce como 'papel de dragón nube'.

Puntada larga Método de encuadernación mediante el cual los cuadernillos se cosen directamente a la cubierta.

Punto tallo portugués Punto de bordado. Es una alternativa al cosido con puntada larga.

Rústica Nombre que se da a un tipo de encuadernación adhesiva utilizada en las ediciones corrientes de tapa blanda. Con el uso continuado de los libros, el lomo se daña y las páginas tienden a desprenderse.

Serigrafía Se ajusta un tejido fino sobre un bastidor de madera. Al pasar la espátula va presionando la tinta seca y se estampa la imagen.

Tapa dura Estilo de encuadernación con los cartones cubiertos con tela o papel y encolados al bloque de texto o tripa del libro.

Tela de encuadernación Tela a la que se ha aplicado algún tratamiento o material de respaldo con el fin de reforzarla para después adherirla a los cartones.

Tintes reactivos a las fibras Tintes para agua fría. Son colorantes permanentes que forman un enlace químico con las moléculas de los tejidos. Funcionan bien con tejidos de celulosa, como el algodón, el lino o el rayón, y también se pueden usar con seda.

Tripa (o cuerpo de texto) Conjunto de las páginas que forman un libro. Combinación de cuadernillos.

Turkish fold Tipo de plegado para diseños *pop-up*.

ÍNDICE ALFABÉTICO

AG&P Handmade 64-65, 98
anatomía del libro 8-9
Askida 124

Bassuet, André Lee 105, 113, 174, 180
Bates, Jennifer 75, 160
Big Boy Press 35
Bleakley, Ruth 22-23, 39, 60, 77, 91, 164
Bond, Diane 138
Bonsall, Emma 95, 176
Boombox Bindery 41
bordados 84, 86, 93, 100, 102, 118
Boundless Bookbindery 105, 120-121
Buckareff, Leah 93
Bueno, Rima 64, 98

caballete con grapa 52
cabezadas 9
Canteiro de Alfaces 58
Cañas, Natalia 49
Cardoso, Luisa Gomes 39, 58
Charlton, Chrissie 99
Chen, Julie 34
cierres con cinta 96
Clemente, Alejandro Grima 40
Coenrady, Marjolein 96-97
Coffee Monkey Press 45
Coldsnap Bindery 93, 144
Collins, Jen 63
colografías 79
Cordell, Mareth 118
Corrupiola 44
cosido a caballete 30, 39, 41, 63, 70, 78, 86, 88, 93, 114, 122, 127, 146-147
cosido belga secreto 39, 56, 124
cosido *caterpillar* 39, 58

cosido copto 30, 39, 42, 46, 48-49, 52, 57, 60, 64, 66, 68-70, 83, 86-87, 91, 100, 106, 110, 112-113, 119, 122, 124-125, 127, 152-155
cosido en forma de estrella 62
cosido japonés 39-40, 45, 50, 54, 67, 150-151
cosido pantográfico 58
cosido títere 67
Cox, Larissa 105, 120
cuadernillos 9
cubiertas de madera 105-106, 119, 122, 124
cubiertas tejidas 108, 112, 176-177

Dahlslett, Christer 114
De Clerck, Anneke 20, 83
Durso, Cathy 84-85

Eady, Carolyn 56
Egerdeen, Amy 66
Ekrem, Erica 62, 105, 125
encuadernación con costura francesa 39, 42, 60, 127, 156-159
encuadernación de multicuadernillos 84
encuadernación de puntada de ojal 55
encuadernación en corona 26
encuadernación en tapa dura 9, 75, 93, 98, 102, 120, 127, 160-163
encuadernación *flexagon* 30
encuadernación *millimetre* 74
encuadernación plegada 10-37, 132, 134, 136, 138, 140, 144
encuadernación Rubow 74
encuadernación tricotada 58
encuadernaciones cosidas 24, 38-75, 146-160
estampación manual 77, 83

Fatos & Artefatos 42-43
Faust, Dikko 168, 170
Feeding the Lake 92
Fernández, Cassandra 11-13, 140
Fewster, Anna 78
Fick, Bill 36
flag books 21, 136-137
flow 22-23
Flying Fish Press 34
Forejtova, Lucie 112
forros de tela 9
Fox, Alice 79
Frisch, Katie Taylor 92
frottage 127, 129, 170-171
Fullick, Vicky 99

Gifford, Jessie Nebraska 36
Godart, Yuko Murata 45
Grimm Books 48
guardas 9
Guild of Book Workers 41

H&G Handmade 72, 87
Harrington & Squires 99
Helleberg, Lotta 77, 89
Hellojenuine 63
herramientas 128-131
Hinged Strung Stitched 122
Hirsbrunner, Becca 11, 24-25, 67, 156
Hogan, Tina 88
Holland, Kyle 21
Holman, Bob 36
Holtsclaw, Monica 41
Hu Jin 72, 87

Immaginacija 112
impresión ecológica 77, 89, 102
Inayza 46, 86
INK+WIT 88

Irigoyen, Gabriela 16-17, 51, 69
Italian binding 82

Jacobs, Diane 80
Jiani Lu 52
Johnson, Michelle 122

Kegler, Richard 138
Killside Krafts 110-111
Kowaikuma 105, 113
Kumru, Öziem 124
Kwan, Melodie 110
Kyle, Hedi 136, 188

Lampe, Leila 44
Leckridge, Hilary 26
Lewis, Molly 122
libros almohada 105, 113, 180-181
libros caleidoscopio 11-12
libros carrusel 11-12, 15, 127, 140-143
libros con mensaje secreto 144-145
libros concha 105, 125
libros de lino 77, 96
libros dragón 138-139
libros en acordeón 16, 20, 22, 27-28, 30, 35, 52, 93, 127, 134-135
libros en cajas de bambú 80
libros en concertina 20, 30, 134
libros instantáneos 132-133
libros loto 11, 24
libros origami 132
libros serpiente 138
libros tarta 105, 120
Lime Riot 118, 178
Little Paper Bird 30
Lo, Amanda 73
lomos 9

Mai, Trinh 70
Makhjani, Pooja 134, 146, 150
marmolado 77-78, 86, 91, 127, 129, 164-167
    Suminagashi 127, 129, 164-167
Martin, Emily 15, 21
materiales 128-131

Milman, Barbara 27

Nagi, Gina 46, 86
Naughty Dog Press 15, 21
Nelson, Jeffrey 70
Nightjar Books 66
Nitzsche, Julia 108-109
Norris, Suzanne 28
nudo francés 102

Odelae 62, 105, 125
Olive Art 57
Oliver, Kristi 57
Olivieri, Serena 82
Ozuas, Aleph 44

packaging experimental 104-125, 178-180
Painted Fish Studio 94
Pandolfo, Eileen 54
papel empastado 129, 168-169
papeles decorados 127, 129
Paperiaarre 100-101
Peel, Susan 30
Piano, Sergio 49
plegado *blizzard* 11, 31
plegado en ventana 122
pliegue *waterbomb* 24
Pointer, Norman 105, 119
puntada cruzada en forma de diamante 48
puntada larga 41, 46, 48, 51, 62, 64, 72, 148-149
punto bucle 58
punto celosía 48
punto escalera 58
punto *kettle* 46
punto tricotado 39, 58
Purgatory Pie Press 36

RAMA 49, 90
Rantakari, Kaija 100
Red Parrot Press 27
Ribeiro, Magda dos Santos 42
Rodrigues, Antonio Jr. 50
Rosinska, Ewelina 116
Rowe, Thereza 18
rústica 90

Sakurasnow 28
Salkind, Neil J. 35
Scantron Press 80-81
Schnoor, Karolin 14
Schofield, Lucy May 32-33
Sea Lemon 75, 160
Shaffer, Jen 94
Sheehan, Elizabeth 29
Shibuya, Satsuki 55
Skiba, Michelle 106
Skinner, Christopher 11, 31
Smith, Bob 36
Smith, Esther K. 36, 132, 136
Smith, Roberta 36
sobrecubiertas de tela 178-179
sobres de seguridad 95
Sokolovskaya, Anna 148, 152
Sprouts Press 56
Stopka, Natalie 77, 102-103, 172

Tabak, Khrista 138
tarlatana 9
Team Art 73
tela de encuadernación 174-175
Three Trees Bindery 106-107
tintes de plantas 77, 89, 102, 127, 131, 172-173
tratamientos para cubiertas 76-103, 127, 164-176
tratamientos para páginas 76-103, 164-176
troquelado manual 94
Turkish fold 11, 24
tutoriales prácticos 126-181
Twine Bindery 39, 54

Walker, Louise 68
Wang, Charlene 73
West Cermak 70-71
Western New York Book Arts Center 138
Windy Weather Bindery 74
Withrow, Wendy 74
Wudenbachs, Terry 138

ÍNDICE ALFABÉTICO   191

CRÉDITOS Y AGRADECIMIENTOS

Muchas gracias a todos los colaboradores que presentaron trabajos y disculpas a todos aquellos cuyos proyectos no he podido incluir. Un agradecimiento especial va para Pooja Makhijani, a los miembros del Western New York Book Arts Center, Cassandra Fernández, Leah Buckareff, Anna Sokolovskaya, Becca Hirsbrunner, Jennifer Bates, Ruth Bleakley, Natalie Stopka, Emma Bonsall, Dikko Faust, André Lee Bassuet y Mareth Cordell, quienes dedicaron su tiempo a preparar tutoriales para el libro.

Un inmenso agradecimiento también al equipo editorial de RotoVision: Isheeta Mustafi, Jacqueline Ford, Tamsin Richardson y las diseñadoras Lucy Smith y Michelle Rowlandson, por su apoyo continuo en el diseño y la edición del libro, y a Ellie Wilson por sus aptitudes fabulosas de coordinación de proyectos.

Gracias también a Esther K. Smith, quien aportó tutoriales y escribió un inspirador prólogo.

Como siempre, este libro está dedicado a mi madre, a Daniel y a Louis.

ESTHER K. SMITH

Esther K. Smith, autora de *How to Make Books*, imparte clases de creación artesanal de libros a artistas y comisaría exposiciones de libros de artista. En su estudio, Purgatory Pie Press, en Nueva York, produce ediciones limitadas y libros de artista junto con Dikko Faust, tipógrafo artesanal, y otros artistas y escritores. Han mostrado sus creaciones en exposiciones individuales en las excepcionales bibliotecas del Metropolitan Museum y del Victoria & Albert Museum de Londres. Sus obras forman parte de numerosas colecciones públicas y privadas, entre ellas las de la Tate Gallery, el Whitney Museum of American Art y el Museum of Modern Art, donde, en la exposición *Artists' Alphabet*, en 2012, se incluyó un libro en acordeón con tipos de madera creado por Purgatory Pie Press.

CRÉDITOS DE LAS IMÁGENES

Todas las imágenes son propiedad de los respectivos propietarios de los derechos y pertenecen a los creadores de los libros salvo indicación expresa.

pág. 5: Michelle Skiba, de Three Trees Bindery; pág. 7: Gina Nagi; pág. 10: Ruth Bleakley; pág. 32: Lucy May Schofield, fotografía de Sylvia Waltering; pág. 38: Ruth Bleakley; pág. 76: Rima Bueno, de AG&P Handmade; pág. 80: Bill Bachhuber; pág. 104: Christer Dahlslett; pág. 122 (abajo): Matt Fuhr; pág. 123: Matt Fuhr; pág.126: Sarah Peel, de Little Paper Bird; pág. 132: Enclosure Exposure, Elizabeth Duffy y Dikko Faust y Esther K. Smith, de Purgatory Pie Press;imagen de Madeleine Boucher; pág. 168: Dikko Faust; pág. 170: Elizabeth Sheehan.